eye
守望者
—
到灯塔去

Alain Badiou

[法] 阿兰·巴迪欧 著

刘云虹 译

真实幸福的形而上学

Métaphysique du bonheur réel

南京大学出版社

Originally published in France as:
Métaphysique du bonheur réel by Alain Badiou
© PUF / Humensis, 2015
Current Chinese translation rights arranged through Divas International, Paris
巴黎迪法国际版权代理（www.divas-books.com）
Simplified Chinese edition copyright © 2022 by NANJING UNIVERSITY PRESS

All rights reserved

江苏省版权局著作权合同登记　图字:10-2020-47号

图书在版编目(CIP)数据

真实幸福的形而上学 /（法）阿兰·巴迪欧
(Alain Badiou) 著；刘云虹译. —南京：南京大学出版社, 2023.2
ISBN 978-7-305-26152-7

Ⅰ.①真… Ⅱ.①阿… ②刘… Ⅲ.①幸福-研究 Ⅳ.①B82

中国版本图书馆 CIP 数据核字(2022)第 169885 号

出版发行	南京大学出版社		
社　址	南京市汉口路 22 号	邮　编	210093
出版人	金鑫荣		

书　名	真实幸福的形而上学
著　者	〔法〕阿兰·巴迪欧
译　者	刘云虹
责任编辑	甘欢欢

照　排	南京紫藤制版印务中心
印　刷	徐州绪权印刷有限公司
开　本	880×1230　1/32　印张 4.5　字数 54 千
版　次	2023 年 2 月第 1 版　2023 年 2 月第 1 次印刷
ISBN	978-7-305-26152-7
定　价	45.00 元

网　址	http://www.njupco.com
官方微博	http://weibo.com/njupco
官方微信	njupress
销售咨询	025-83594756

＊ 版权所有，侵权必究
＊ 凡购买南大版图书，如有印装质量问题，请与所购图书销售部门联系调换

目 录

001
引 言

013
第一章 哲学与哲学的欲望

049
第二章 幸福考验下的哲学与反哲学

061
第三章 为了幸福,必须改变世界吗?

085
第四章 哲学的目的地与情感

133
结 语

# 引 言

本书致力于厘清哲学的任务,并在结尾处对我个人关于哲学的设想加以描述,为这样一本书赋予《真实幸福的形而上学》之名,似乎有悖常理。简单浏览一下我的主要著作,就会看到,我的哲学像其他任何哲学一样,是从表面极不协调的诸多元素出发而得以构建的,但人们在书中可以发现某些极少与幸福相结合的材料发挥着积极作用,如集合论、海廷(Heyting)代数上的集合层论或大无限理论。要么我涉及法国革命、俄国革命、中国革命、罗伯斯庇尔等,这些革命和这些人物都或多或少带有"恐怖"这一标记。要么我求助于大量被认为令人费解而不是令人愉快的诗歌，如马拉美（Mallarmé）、佩索阿（Pessoa）、华莱士·史蒂文斯（Wallace Stevens）或保罗·策兰（Paul Celan）的诗。或者我以真正的爱作为例证，一直以来伦理学家和谨慎的人们都曾注意到，爱引发的痛苦及对其脆弱性的平庸证明使人怀疑它所担负的幸福使命。更不用说，我的主要导师中有几位很难被视为快活的人，至少在最初的阅读中如此，就像笛卡尔或帕斯卡、黑格尔或克尔凯郭尔。几乎看不出这一切与一种平静的生活、无数日常的微小满足、一份有趣的工作、一份合适的薪水、一个健康的体魄、一对快乐的夫妻、某些令人长久铭记的假期、一群非常和蔼可亲的朋友、一座装备齐全的房子、一辆舒适的轿车、一只忠诚而惹人怜爱的宠物、几个可爱乖巧且学习成绩优异的孩子之间，总之，与任何地方的人通常对"幸福"的理解之间的关联。

为使这一悖论合理化，我显然可以把那些常常被认为是无可争议的大师作为挡箭牌，如柏拉图和斯宾诺莎。

在《理想国》中，柏拉图把长期的数学教育和坚持不懈的辩证逻辑训练作为接近一切真理的必要条件。随后他表明，唯有不再服从于统治性观点，而只相信自己的思想所"分有（participe）"（柏拉图用词）的真理的人，才能抵达幸福。正如以数学为必要基础的辩证法不过是思维的理性与逻辑运动，且这一运动可以在词语最初的含义上被称为"形-上学（méta-physique）"（超越可还原为科学物理学的一切），数学、逻辑学与幸福之间的联系完全以一种形-上学的观点而建立，这一观点保证联系的内在协调。又或者：如果从数学到辩证法、从辩证法到幸福，结果是好的，那么人们就把对这一结果的全部思考称为"形而上学的"。并且，由于幸福是进入一切真理的可靠标记，也就是一种名副其实的生活的真实目标，人们便可以说这一进入过程及其全部思考构成一种幸福的形而上学。

在《伦理学》中，斯宾诺莎首先断言，如果没有数学，人类就将永远处于无知中，这意味着丝毫不能获取任何"充足观念（idée adéquate）"（斯宾诺莎用语）。而人的智力对充足观念的内在参与可依据两种体系来完成，斯宾诺莎将之称为"第二种"知识和"第三种"知识。第二种知识经由论证的艰难之路得来，这一路径召唤逻辑学，第三种知识则通过一种"知性直观（intuition intellectuelle）"得来，就像集中于推理的所有步骤中的一点，就像在上帝身上，即在宇宙万物（le Tout）之中，对一种他因真理（vérité déductible）的即刻把握。抵达对充足观念的完美认知的人类主体状态，斯宾诺莎将此称为"美德（vertu）"[柏拉图或许会说"正义（justice）"]，因为主体能够通过第三种知识进入这一状态。最后，幸福（斯宾诺莎使用意义更强烈的拉丁语词"beatitudo")只是真思想（pensée vraie）的活动，即美德："幸福不是美德的回报，而是美德本身。"换句话说，幸福是大写的"真"之情感（affect du Vrai），如果没有数学，它就无法存在；如果没有首先被论证，它就不能集中于一种直觉。再者，借助知性直观，数学和逻辑学构成人们可以完美地称为一种幸福的形而上学的东西。

总之，任何哲学，甚至并尤其当它由复杂的科学知识、创新的艺术作品、革命的政策、强烈的爱所支撑时，都是一种幸福的形而上学，否则它不值得一个小时的辛劳。因为，论证、思想的普遍逻辑、对形式主义的理解、对新近诗歌的认真阅读、对大众示威游行的危险介入和没有保障的爱都是可怕的考验，如果不是由于这一切对真正生活的存在不可或缺，那么为何要将它们强加给思想和生活？兰波（Rimbaud）说真正的生活不在场，而我们这些憎恶一切形式的怀疑主义、犬儒主义、相对主义和不易受骗者的徒劳讽刺（vaine ironie du non-dupe）的哲学家，我们确信真正的生活从来不可能完全缺席。以下就这种确实性提出我自己的观点，我分四个步骤进行论述。

首先，我对哲学在今天可能具有的意义进行总体确定，如果它至少能回应时代指令的话。换言之，我说明人类主体为何能够（事实上是应该，但这是另一回事）在自身怀有一种独特欲望，我非常简单地将它称为哲学的欲望。通过对当代各种约束的分析，我指出今天哲学的处境是防御性的，因此便有一个额外的理由来支撑哲学的欲望。同时，我概述这一支撑与真实幸福的可能性相关联的原因。

接着，为阐明在此种幸福及其与哲学欲望的联系这一方向上给我们以教益的东西，我谈到反哲学，它因一群杰出的作家而出名，如帕斯卡、卢梭、克尔凯郭尔、尼采、维特根斯坦、拉康。

我的论点是，尽管这些反哲学家对同时存在于真实与真福（béatitude）之中的可能性普遍抱怀疑态度，而倾向于认为牺牲具有伟大价值，哪怕牺牲徒劳无益，但他们对我们来说是必不可少的，他们使我们的古典主义不会转变为学院派，后者是哲学因而也是幸福的主要敌人，因为，使学院式话语必然得以辨认的情感是厌烦。实际上，正是他们，伟大的反哲学家，告诉我们，一切具有真正价值的东西的获取并非通过从事各种寻常工作及采纳占统治地位的观点，而必须经由与世界发展方式的一种决裂所带来的、被存在体验的结果。

在第三章中，我全力以赴地回答现代人和笃信马克思主义者总向哲学家提出的问题："你和你的那些不着边际的抽象推论有什么用？不应该坐在房间里解释世界，必须改变它。"于是我思索"改变世界"的意思。假设人能够改变世界，那么需要哪些方法？此分析确认，在对"如何改变世界?"这一问题的可能回答与真实幸福之间有某种主观联系。通过强调指出"世界""改变"与"如何"这些词的深刻意义,联系被建立,而这一工作同时表明在所考虑的问题中,没有什么可以令哲学家感到为难或让他变得无用,恰恰相反。

第四即最后一章更为主观。它在于提供哲学战略与情感的一个局部例证,这是我的哲学写作-思考正处的阶段。我回顾——并没有忽视真理与幸福的关联——我的工作的先前诸阶段,从《主体理论》(*Théorie du Sujet*, 1982) 到《世界的逻辑》(*Logiques des mondes*, 2006),包括《存在与事件》(*L'Être et l'Événement*, 1988),因此也是回顾存在-多 (être-multiple)、事件、真理和主体等基本范畴的建立。随后我指出那些悬而未决的问题,它们尤其与"真理主体 (sujet de vérité)"这一问题相关,真理主体在其行动的内在性,因而也是在可以说"从内部"构成其独特幸福的东西中得以把握。我指出《真理的内在性》(*L'Immanence des vérités*) 这本新书的线索,它基本上是有限和无限之间的一种新辩证法,但我也丝毫不隐瞒,该书的核心内容极为艰涩。在这种新辩证法中,幸福可以被定义为有限的一种中断 (*une interruption de la finitude*) 的肯定性经验。

这本简短的小书旨在开启道路,以便哲学战略家能够对每个人说:"这足以让你信服,反对一切观点且为某些真理而思考,这远不是你所想象的徒劳无益的活动,而是通向真正生活的最短路径,当真正的生活存在时,它以一种无与伦比的幸福著称。"

第一章 哲学与哲学的欲望

如许多读者所知——朗西埃（Rancière）和他的朋友们曾以此来命名他们创办的优秀刊物——兰波使用了一个奇特的表达："逻辑的反抗（révoltes logiques）"。哲学就是这样的东西：一种逻辑的反抗。它是革命欲望（真实幸福要求人们起来反抗现实世界和既有观点的专制）与合理性要求（反抗的冲动无法独自抵达它所确定的目标）的结合。

一般而言，哲学的欲望就是一种在思想、在集体和个人的存在中革命的欲望，并且是为了一种真实幸福，它不同于似乎有点像幸福的满足。真正的哲学不是一种抽象活动。一直以来，从柏拉图开始，它不断奋起反抗世界的不公正。它奋起反抗世界和人类生活的悲惨状况。但它是在某种运动中完成这一切，这种运动始终保护辩论的权利，并最终在同一运动中提出一种新的辩证法，通过这一运动，哲学使真实幸福从其相似物中显现而出。

马拉美对我们说过这句格言："任何思想都在掷骰子。"我认为，这个谜一般的说法同样指涉哲学。哲学的根本欲望之一在于对普遍（l'universel）的思考与实现，因为一种非普遍的幸福，一种排斥被其他任何能够成为其主体的人分享的幸福，不是真正的幸福。但这种欲望不是某种必要性的结果。它存在于运动中，这一运动始终是打赌，是危险的介入。在这种思想的介入之中，偶然的部分永远无法抹去。

因此我们从诗歌里得出这样的观点，即对主

要面向幸福的普遍性的哲学而言,构成其特征的欲望有四个基本维度:反抗之维、逻辑之维、普遍性之维与冒险之维。

这难道不是革命欲望的一般方式吗?革命者希望人民起义;希望人民以有效和理性的方式起义,而非陷入野蛮与愤怒中;希望人民的起义具有一种国际性的普遍价值,而不是封闭于某种国家、种族或宗教的认同;最后,革命者自觉地接受危险、偶然以及往往只出现一次的有利时机。反抗、逻辑、普遍性、冒险:这些是革命欲望的组成部分,这些是哲学欲望的组成部分。

而我想,当今世界,我们这个有时被称为"西方"的世界,正在对这样一种欲望的四个维度施加某种强大而消极的压力。

第一,我们的世界是一个部分地不适合或无法适合于反抗的世界,这并非说世界上没有反抗,而是因为它教授或想要教授的在于,在其现实形式中,它从今以后便是一个自由世界,或一个以自由为其组织价值的世界,再或者一个没有理由抱怨它或希望它变得更好(在某种根本意义上)的世界。所以,这个世界宣布,尽管有不完善之处(人们将努力修正),它已经开始其内部与内在的解放。总之在幸福方面,它是人们能从中期待最好提议和最佳保障的世界。然而,这世界同时又使这种自由的关键标准化、市场化,所以它提供的自由是一种受严格约束的自由,受自由在商品流通网络中的用途所约束。因此,这个世界实际上既不适合于为了自由(古老而陈旧的主题,属于一切反抗的意义本身)的反抗观念,既然自由是由世界本身以某种方式提出的,也不适合于人们可能所称的这种自由的自由使用,既然自由在商品生产的无限闪光、在由它出发而建立货币抽象的东西中被编码或预编码。

这就是为何,从反抗或反抗的可能性来看,这世界有一种倾向,人们可以将之称为阴险的压迫倾向。由此,它关于幸福的提议已有潜在腐化的嫌疑。

第二,这个世界不适合于逻辑,这主要是因为它服从交际的非逻辑维度。交际及其物质性组织传送图像、陈述、言语和评论,所遵循的原则是无条理(incohérence)。交际建立自身流通的影响,将它输送的所有元素进行某种无法承受的、松散的并置,日复一日地在其中拆除一切联系和一切原则。人们也可以说,交际以即时的方式向我们提供一种无记忆的景象,且以此观点来看,它尤其破坏的是一种时间逻辑。

这就是为何人们确信,我们的世界是一个在其稳定原则中对思想施加压力的世界,并且,以某种方式,它向思想提供一种想象的分散。而人们可以指出——我们会这么做,但事实上所有人都知道——真实幸福属于集中和加强的范畴,无法容忍马拉美所称的"任何现实都在其间消散的虚空区域"。

第三,这个世界不适合于普遍,这出于两个

相互关联的原因。首先，其普遍性的真正物质形式是货币抽象或一般等价物。一切普遍流通和交换之物的唯一实际标记就在货币中。其次因为，如人们所知，这个世界也是一个专门化、碎片式的世界，被组织在生产专业化的一般逻辑和只有一部分微小碎片可以被掌握的百科知识中。这世界向我们提供普遍的一种抽象的货币形式，并且将专门化、碎片式的现实隐藏在这一形式下，据此，它在哲学所理解的意义上对普遍这一主题本身施加强压。可以说，它的"幸福"专属于某些既定团体和有竞争力的个人，他们必然捍卫这种幸福，把它作为一种承袭而来的特权，以对抗那些丝毫不能从中获益的大众。

第四，这个世界不适合于打赌和偶然决定，因为这是一个任何人都无法再将自身存在置于偶然之中的世界。现实世界是一个由安全计算的必要性所主宰的世界。在这一点上，以教育为例，最惊人的是教育被组织起来，以使其指令和调整对职业安全计算、对职业市场布局的必要性变得越来越大。于是，人们很早就以某种方式被教导，为了对现实中不确知的安全尽早加以计算，偶然决定这一状况必须被废除和悬置。我们的世界把生活置于对这种值得怀疑的安全所做的精细和必要的计算中，并根据这一计算安排存在的相继程序。而谁不知道真实幸福是无法计算的？

所以我要说，如果我们将一种存在之革命的哲学欲望设想为反抗、逻辑、普遍性和打赌的紧密结合，那么它在当今世界遭遇到四个主要障碍和四种必然压力，即商品的主宰、交际的主宰、货币普遍性以及生产与技术的专门化，这一切都主观地经由个人安全计算而相互关联。

资本主义与商品、混乱的交际技术、货币流通的无限权力、安全的执念，这就是当今世界用以阻挠革命欲望在其所有形式下展开的主要障碍。这些障碍的目的在于，使真正生活和幸福的不可抗拒的观念缩减为一种消费满足的相似物。

哲学如何应对这一挑战？它能应对挑战吗？它是否有能力做到？

为大致提出一种回答，让我们从根本上简化世界哲学形势。于是人们可以区分出三个主要流派。

第一个是现象学与阐释学流派，该流派始于德国浪漫主义，广义上的当代主要代表人物是海德格尔和伽达默尔。第二个是分析学派，其源头是以维特根斯坦和卡尔纳普（Carnap）为代表的维也纳小组，今天它统治着整个英美大学的哲学。第三个是后现代流派，它借鉴于前两者，也许曾是法国最为活跃的流派，因为人们把雅克·德里达或让-弗朗索瓦·利奥塔归于该流派。当然，在这三个基本方向中，有无数混合、交叉、联结与共同部分，但我相信它们值得用以绘制事物状态的一种可接受图谱。在这里，令我们感兴趣的是，各个流派如何确定或辨别哲学的欲望及其在真实世界可能实现的创造性作用，以及各个流派如何清晰或潜在地界定以真实幸福为情感的真正生活。

阐释学派为哲学确定的目标是辨识存在与思想的意义,可以说其中心概念是阐释。某些言语、行为、构型、历史命运的意义是晦涩、潜在、隐藏、遮蔽、未被揭示的。阐释方法将寻求澄清这种不明,并力图促使一种原初意义出现,该意义是与存在本身命运相连的我们的命运的一种形象。如果说主要操作是阐释,这显然因为问题在于揭示一种本不清晰的意义或向其开放。哲学阐释学派最重要的终极对立是封闭与开放之间的对立。哲学的命运处于潜在意义上的开放中,并因此清除思想的障碍或将思想从意义的封闭、潜在和晦涩中解放出来。在思想中,革命的欲望是阐明的欲望。而真实幸福是开放(*l'Ouvert*)的一种主体形象。

分析学派为哲学确定的目标是在有意义或被赋予意义的陈述和无意义的陈述之间、在人们有权说出的东西和无法被言说的东西之间、在能够围绕某种被赞同的意义而达成一致和无法做到这一点之间划定界限。在这里，主要方法不是阐释，而是对叙述本身的语法和逻辑进行分析；此外，正是出于这一原因，该学派广泛运用逻辑学，包括在其数学形式下。它所涉及的是一种对语言法则和交际能力的研究，其中心概念是规则。指明使意义得到认同的规则，这归根结底是哲学活动的基本关键所在。并且人们会说，最重要的对立在此不是封闭与开放的对立，而是在有规律和无规律之间，在符合一种公认规则的东西和逃避所有法则、依据规则无法鉴别故而必然成为幻象、不协调的东西之间的对立。按照这一观点，哲学的目标是治疗与批判性的。它涉及的是，消除使我们产生分歧的幻象，消除导致赞同与对立的无意义。在思想中，革命的欲望是对意义的一种民主分享的欲望。而真实幸福是民主的情感。

最后，后现代流派为哲学确定的目标是解构我们的现代性的固有事实。这里所涉及的不是令一种潜在的意义出现，也并非划定意义与无意义的界限。重要的是，表明意义问题本身应以另一种方式安排，并为此解构其先前的形象，废除历史主体观念、进步观念、革命观念和人类观念等尤其在十九世纪及以前形成的重要结构，表明在思想与行动中都有一种不可缩减的语调和语言的多样性，这一多样性不会在意义的综合问题里被消除或被统一。总体而言，后现代思想的目标在于解构整体性观念；由此，哲学本身遭到质疑，处于不稳定状态。以至于更确切地说，后现代流派将促进人们所称的混合或不纯的实践。它把思想定位于边界或边缘处，定位于片段中。尤其，后现代流派把哲学思想的遗产放置在一种游戏里，这种游戏将哲学思想与艺术命运联系在一起。革命的欲望最终是创造新的生活形式的欲望，而真实幸福就是对这些形式的享有。

此刻令我们感兴趣的是，思考这三个主要方向是否具有某些共同特征，思考在应对世界向哲学欲望发起的挑战的方式中，它们是否在某一点上借鉴了类似或可比较的路径。

首先有一个非常重要的消极特征。这三个流派都表明形而上学的结束，因此可以说是哲学本身的终止，至少在其古典意义上，或者海德格尔会说，在其命运的意义上。海德格尔认为，形而上学的历史已结束。哲学无力在形而上学的元素中继续前进。而这种结束也是一个时代的存在史与思想史的终结。人们同样可以说，真理的理想曾在"寻找真理"这一传统定义下组织古典哲学，它已被意义多元性的观念所取代。我深信，哲学当前的路径是围绕真理与意义问题之间的决定性对立而形成的，真理是古典哲学（或者也可以说形而上学）的中心范畴，意义问题则被认为在传统的真理问题终止时作为现代特色而出现。

对阐释学派来说，真理是形而上学的一个范

畴，它必须在存在的一种命运意义的方向上被重建。世界由相互交织的各种阐释构成，任何超验之物都不可能突出于其上。开放将在未来占据统治地位，使我们摆脱真观念（idée vraie）所代表的抽象单义性。

对分析学派来说，显然必须放弃"寻找真理"的宏伟计划。唯一的出发点是陈述的构型。意义本身与所参照的语法相关。当人们想从无意义中划定意义的界限，就必须始终参照人们在其中行事的规则世界。因此有无法比较的多种意义或多个意义体系，而这正是维特根斯坦所称的语言游戏。语言游戏的多元性明确反对真理条件下的一种透明的灵修默想观念（idée d'une récollection）。

最后，后现代流派解构了真理的传统支撑，或者真理为之而存在、哲学传统上曾赋予其主体之名的东西。人们可以说，后现代流派的一个基本方向就是，试图解构作为形而上学产物的主体范畴。所以,没有这样一种主体,真理为其或由其出发而存在。只有各种变故、境况、不协调的突发之事,还有为迎接这些不协调情形的各种异质话语本身。

总之,阐释学、分析与后现代性构成开放而多元的、作为现代性象征的意义和被认为是形而上学的、古老的甚至"极权的"单义真理观之间的三重对立。这就是消极的共同特征。

现在从积极方面来看,也有一个非常惊人的共同特征:语言的核心重要性。人们所称的西方哲学的语言学重大转向确实是通过这三个流派的布局并在其中发生的。尽管语言的中心地位在这三个流派中也以不同的方式被组织或安排,但这一中心地位或许是它们最明显的共同特征。显而易见,就阐释学派而言,阐释和阐释活动主要开始于言语行为、意义行为,并且语言最终是开放问题运作的场所本身。就在那里,而不在任何别处,正是在"走向言语"——"言语"必须与阐释体系相协调——中完成我们的思想布局。就分析学派而言，原材料是陈述，并且，哲学归根结底是规则力量影响下的一种普遍化的语法；存在的是语句、片段或不同类型的话语。最后，后现代解构是一种语言和书写行动，它被引向反对形而上学空想的稳定性。所以，这三个流派都把语言问题置于其哲学的绝对中心，同时，无论阐释、规则，还是言语和书写对立中的解构，最终都有一种语言假定，就像人们可能所称的我们时代的伟大历史超验。如果想简单行事，人们因此会说，当代哲学在它的主要倾向中坚持两种公理，其构成逻辑如下：

第一种公理：真理的形而上学已成为不可能；

第二种公理：语言是思想的关键场所，因为意义问题正与语言相关。

这两种公理以它们的方式构成对立，这一对立是当今哲学问题的基本形势，即意义与真理之间的关系。

至于我自己的立场，我想说，在真理的形而上学的不可能性和语言问题的构成性特征这两种公理中，有一个重大危险，即面对当今世界向哲学欲望所施加的压力，哲学没有能力从这些公理出发来支撑其自身的欲望。总之，危险在于失去一切革命功效，甚至由此仅仅为了个人主义和身份性的满足教义，放弃真实生活的动机，故而也放弃幸福的动机。

如果哲学总的来说是一种对言语活动的思考，如果它处于语言游戏的多样性及其语法编码中，那么它便无法消除世界通过其专门化、碎片化和抽象化而设置的对抗普遍性的障碍。因为有多少种群体和活动，就有多少种语言。事实上，语言游戏是世界的规则，并且人们知道这些游戏之间的流通有多困难。但语言游戏是我们的世界的法则，这一点恰恰禁止——因为哲学提出一种对抗世界法则的思想革命——这些游戏成为哲学指令形成的场所。或者,可能更糟的是,倘若哲学接受置身于这种语言至上的境况,它就要指定一种语言作为唯一拯救它的语言。人们知道,海德格尔部分地介入了这条道路,他曾表明德语作为此种语言的优先权,因为德语有能力为开放提供庇护,也因为在这一方面它是希腊语的接替者。然而,即便处于语言游戏及其规则的多样性中,或指出某种独特的语言作为意义真实性所在的根本优先权,人们也不接受当今世界向哲学负有的普遍性使命所发起的挑战。

自柏拉图的《克拉底鲁篇》(Cratyle) 开始,哲学被陈述为有责任不从词出发,而是尽其所能从事物本身出发。我相信,这一命令实际上是哲学的一种超时间的 (transtemporel) 命令,并且全部问题就在于知晓我们如何能够不从语言,而从事物本身出发。分析哲学以单边方式将优先权给予科学类型的语言,也就是说,那些最直接适合于逻辑规则的语言。它使这些语言成为确定意义界限的范式,因为如人们所知,科学语言中规则是明晰的,而在大多数其他语言中规则是隐晦的。但同样,在这一点上,单方面、实用主义地对规则明晰的语言赋予特权,这并不能使我们经受住对普遍性的挑战,因为一切都没有先验地向我们指出普遍性必然与规则的明确性同时产生。这应为其自身利益而被证明,并非由于在确定意义界限问题上规则具有决定性便被证明。

此外,如果真理范畴被抛弃或是无效的,那么哲学就无法应对存在的挑战,这种存在服从于商品的流通或交际的非逻辑性。因为——这是很困难的一点,但我深信于此——商品流通的无限闪光,这种与欲望相连的灵活多样性,人们只能以一种无条件的要求的中止点(point d'arrêt)来对抗。在这个世界,处于一定条件下的一切都落入物、货币和图像的流通法则之中。而只有人们能够说明或自觉接受有一个无条件的中止点,即一种绝对对立于这种流通,对立于既自私又无知的主体性的战略理念（Idée stratégique），阻断这一流通原则——在我看来，这是当代哲学的一种根本要求和通向真实幸福之路的首要条件——才是可能的。两个世纪以来，这种战略理念叫作共产主义理念（Idée communiste），我们刚刚才开始隐约看见它的意义，尽管史诗-悲剧性的经验曾在一段时间内——二十世纪的数十年间——体现了这一理念，可时间太短，不足以从中做出任何裁决。至少对于并不非常急于成为或重新成为商业秩序宣传者的人来说是如此。

然而，在一个更加抽象或并不非常直接地涉及政治的层面上，我认为，图像和评论的大众传媒或交际的不可靠，人们只能以至少存在某些真理这一论点来对抗，并且我还认为，在被给予和流通之物的闪光表面下对这些真理的耐心寻找是哲学应服从的指令，假如哲学不愿自身被牵连进交际的脆弱并在其中被肢解的话。

最后我提出以下问题：如果不是以一个固定

点、一种真理、一种理念（Idée）或一种价值——我们经历的以下危险就来于此——的最小名义，那么拿存在做赌注、使它摆脱一种个人安全计算的命令、掷骰子反对常规、置身于一种任意的偶然，这有什么意义？而倘若没有这个支点，如何想象任一主体的幸福的类性形式（forme générique）？经由打赌和偶然情况，存在获得自我革新，而面对它们，必须也必然要有一个固定点作为保护和支撑。为了维持哲学欲望的四个维度（反抗、逻辑、普遍性和打赌），以对抗当今世界给它们设置的四种障碍（商品、交际、货币抽象和安全执念），我们有必要超越那三个占主导地位的哲学方向：分析、阐释学、后现代。因为在这三个选择里有某种过于适应现实世界的东西、某种过分反映世界本身面貌的东西。并且，一旦进入这些选择，由它们所组织，哲学就将经受、承认这个世界的法则，却没有觉察到这个法则最终要求哲学欲望消失。

因此，我的主张是打破这些思想框架，在更新的格局中重新寻找或建立一种风格或一条哲学路径，它既不是阐释的路径、语法分析的路径，也不是边界、含混和解构的路径。这在于重新找到一种奠基性的、明确的哲学风格，例如在笛卡尔那种奠基性的、古典的哲学风格流派中。当然，一种经受住世界的挑战并保存其自身欲望的根本性的哲学，哪怕仅对其可能的铺陈做初步概述，也无法在这篇导言中完成。为此，大家可以阅读我的重要哲学论著：《存在与事件》和《世界的逻辑》，或至少是它们的缩略本《哲学宣言》(*Manifeste pour la philosophie*) 和《第二哲学宣言》(*Second manifeste pour la philosophie*)。但我仍想指出两个方向或两个主题。

第一，人们会提出言语活动并非思想的绝对境域。诚然，言语活动、语言，或一种语言，总是某种哲学的历史身体（corps historique）。有一种独特的代表形象、一种声调、一种色彩体现语言的境域。但人们会提出，哲学在思想上的构造并不直接依赖于它在其中行事的语言规则。并且在这一方面，人们将恢复哲学可普遍传递这一观念。普遍可传递性（transmissibilité universelle）的观念被雅克·拉康命名为数元观念（idée du mathème）。让我们将其适应于在此所说的内容。由于普遍传递的理想被保留，人们便会说哲学的理想实际上应该是数元。数元面向所有人，它是可以普遍传递的，它穿越所有语言共同体和语言游戏的异质性，不赋予其中任一个以特权，同时承认它们运作的多元性，但它自身并不经历这种多元，也不在这种多元中被建立。它也不会向科学语言的形式理想看齐，它将在自身元素中构建自己的普遍性形象。

第二，人们会提出哲学固有的、不可缩减的、独特的作用是在话语中确立一个固定点，更确切地说，是为这样一个固定点找到或提供一个名称或一种范畴。在我自己的哲学布局里，我重拾"真理"这个古老的词,但词并不重要,重要的是任何哲学主张建立这一秩序的某种无条件(inconditionné)的能力。我们的世界以速度和缺乏条理为标记。哲学应该是这样的:它使我们能通过对这种速度或这种缺乏条理的阻断或顿挫,说出——时机总是在必须能说的时候来临——这好、那不好。确立这个让人们可以如此说话的点,就是哲学最迫切需要的关键。所以在我看来,必须在现代事件性的考验下从哲学层面重建真理范畴,进而重建主体范畴,不要复兴,也不要仿古。必须这样去做,以便问题不在于对形而上学的一种复兴,而是在允许固定点思想的一种范畴元素中,对哲学自身的重新界定或重新展开。

一个很重要的任务是,在这些条件下,哲学应承担起放慢思考、建立其专有时间的使命。在其当代倾向中,哲学竭尽全力追随世界的步伐。它被不连贯、分裂又快速的现代时间紧紧束缚。

哲学的使命——只要它有能力做到——在于建立一种能赋予自身时间的时间，即一种思想，也就是一种赋予自己缓慢研究与构建之时间的时间。我认为，对一种专有时间的构建是人们能够要求当今哲学所具有的那种风格的指向性原则。在这一点上，最平常的经验来帮助我们：成为自己时间的主人，历来不就是幸福的一个条件？这难道不是主人们始终拒绝给予被统治的大众的吗？共产主义主张人类应摆脱雇佣劳动，后者不正因为是一种异质时间的暴力强加而总被表现为悲惨境况？工人的反抗难道不是经常质疑考勤和考勤机、监督员和劳动节奏吗？一切真实幸福都以时间的解放为前提。

在许多当代思潮，尤其是阐释学派，更特别是后现代潮流中，有一种对哲学话语碎片式布局的推崇或赞美。这种推崇主要扎根于尼采模式。我想，出于形势或时机，或只是因为世界将此强加给我们，必须为哲学重建一个连续性原则。碎片实际上是一种方式，通过它，哲学话语盲目地服从于世界本身的碎片化，并且通过它，以某种形式，哲学话语经由其碎片式分裂任由货币和商品抽象体现唯一的连续性原则。所以，哲学必须发展自身固有的缓慢，并恢复思想的连续性，即创建它的决断原则和连接它的理性时间。

现在让我们想一想：在这些条件本身之下是否有机会看到，显然处于危险中的哲学终于经受住我们开头所讲的挑战，终于能支撑它的欲望？哲学生病了，这毋庸置疑，它所遭受的打击始终与内在的困难相关。我认为——并且这将是我能提出的乐观主义理由——对这个在某种意义上不断表明自己比人们所说的病得更厉害的病人，对这个宣布自己即将死亡甚至已经死去的病人，对这个病人，当今世界——世界，至少这个世界的一部分——施加了一种模糊的压力，以打破其欲望，同时却悖论地要求其继续活下去。一如既往，世界的意义含混不清。流通、交际和安全的一般体系部分地被引向对哲学欲望的削弱。但反常地,它以矛盾的方式在其内部创造、组织一种要求,这一要求模糊地、似乎虚空地面向哲学的可能性。为何如此?

第一,信心不断增强,至少在力图处于思想自律中的人那里,信心是不断增强的,确信人文科学现在或将来都无法取代哲学,无论在其学科布局上,还是在其欲望的独特性质上。有段时间,广泛流传的一个观念、哲学终结主题的形式之一,就是一种由科学理想赋范的,把社会学、经济学、政治学、语言学、"科学"心理学甚至精神分析学归入其中的普遍人类学,将能够取代哲学:仍然是以某种方式在说,我们已经走到了哲学的终点。至于我,我相信现在所显现的是,人文科学作为统计平均值和一般格局的场所展开,它无法真正使在思想上探讨或涉及独特、独特性成为可能。而倘若人们仔细思考,决定的策源地恰恰总是在独特性中,并且任何真正的决定最终都是一种独特的决定。确切地说，不存在普遍决定，因为开启真理或让人进入真理的，或以某个固定点自我支撑的，都属于决定的范畴，也始终属于独特性的范畴。所以人们会说，如果当前有可能的话，理应提出一种独特性哲学，它能由此成为一种决断和打赌的哲学。

第二，实际上每个人都意识到了所有重大集体主体的破灭，同样，在这点上也是思想上的破灭。重要的并不是知晓这些主体是否曾经存在、正存在着或将要存在，而是这一事实：使理解集体主体成为可能的那些重大范畴，今天似乎已经饱和且无法真正激发思想，不论人类的历史进步类型的形象，还是被设想为客观现实的重大阶级主体，如无产阶级。这召唤每个人关注我所称的以自己名义决定和说话的必要性，甚至并尤其当涉及回应一种新真理的出现对每个人提出的要求时。但显然，甚至并尤其当问题是政治问题时，以自己名义决定和说话的必要性要求为了这一决定，必须有一个固定点、一个无条件原则以及一种支撑最初决定并使之普遍化的共有理念。必须每个人都能说这是对的，那是错的，或这是好的，那是坏的，以自己的名义，但也开放地与他人有机共享其话语。如果说因此要求我们建立一种独特性哲学，那么在这个意义上，我们同样必须建立一种真理哲学。

第三，我们与集体主义、宗教、种族主义和民族主义激情的增长处于同一时代。这一增长与摧毁集体主体的重大理性格局截然相反。这些重大格局的动摇和坍塌、共产主义理念暂时却痛苦的缺席导致一种黑暗的淤泥重新升至表面，为明确逃避以自己名义表态或做决定，它将供替换的总体想象化（imaginarise），此外，它还试图根据划界限、排除和对抗的规约依赖于古老的主体，而后者的回归变得越来越具威胁性。从这方面来看，绝对肯定的是，哲学被要求给予它应以之支撑自身的固定点或无条件一种理性形象，同时被要求表明,并不因为集体历史命运先前的理性格局的背叛,人们就要放弃思想的理性坚定这一美德。因此,哲学也被要求能够提供一种更新的形象,一种与当今世界一致的理性的奠基性形象。

第四,我们所了解的这个世界,每个人都暗中意识到它是一个非常不可靠的世界。此外,存在一个悖论,因为在某种意义上它表现得似乎是最好的可能世界,而显然,其他任何一个曾在革命或解放范式下经历考验的世界都既罪恶,又摇摇欲坠。同时,尽管装作最好的可能世界,这却是一个知道自身非常脆弱的世界。这是一个被展现的世界。这完全不是一个建立于其存在的持久稳定性之上的世界。这是一个很少自知的世界,它依赖于过度抽象的法则,以避免暴露在它无法接受或迎接的事件灾难下。说到底,战争五十年来不间断地完全毁坏一些国家,并且越来越不怀好意地徘徊于"西方"利己主义的邻近区域。

世界的这种危险的脆弱性让它在流通和交际的普遍法则之外，随时提出无数奇怪的东西和各种分散的极端可怕之事。此外，这个世界最终可能在任意时刻，在这里或那里，或最终在各处都陷入暴力、战争或压迫，陷入一种非常令人震惊的对自身的盲视。从这两方面来看，我想哲学应有能力迎接或思考事件本身，并不完全是世界结构、其法则或稳固性的原则，而是事件、惊异、要求和不可靠如何得以在一种始终理性的格局中被思考。

这就是为什么，以某种与阐释学、分析和后现代的断裂为代价，我认为从这个世界的无限不可靠的内部所要求哲学的，是打赌有一种明确的、奠基性的哲学，它同时是独特性哲学、真理哲学、理性哲学和事件哲学。因而它也应提出人们所称的独特性、事件和真理的一个理性交点，作为哲学欲望的庇护或外壳。这个交点必须创造理性的一种新形象，因为每个人都知道，将独特性和事件联结于真理,这在古典传统中是一个悖论。如果当代哲学希望保护自身的欲望,希望以建设性的、普遍化的方式向全人类重述圣-茹斯特(Saint-Just)的名言"幸福在欧洲是一种新观念",那么它应着重探讨的正是这一悖论。

至于我,我曾试图表明,这个独特性、事件与真理的理性交点通过其自身构成一种可能的主体新学说。我反对主体同属于形而上学且必须被摧毁这一观念。我提出,只要主体恰恰被设想为独特性、事件与真理于其中理性联结的最大微分,人们便能够也应该向思想和世界提出一种新的主体形象,其根本准则在于:主体是独特的,因为总是某个事件在某种真理中构建主体。或者,主体既是一个可能的理性之所,也是人们所称的事件的真理点。最后,只有对于一个主体,只有当个人接受成为主体时,才有幸福。

我在此试图提出哲学事业的理由和计划,这些论点可以说只是其明确的对角线。

如果人们从如此构建的一种哲学来看待思想和世界,它说明主体的独特性在于由某个事件在某种真理中建立主体,那么人们在某种意义上可以说形而上学已经坍塌或终结,但丝毫不能说形而上学的所有范畴都是过时的。仍旧从这样一种哲学出发,人们因此同样会说,形而上学诚然已经坍塌,但对形而上学的解构本身也已坍塌,并且世界需要一种奠基性的哲学主张,它建立在形而上学与形而上学批判的统治性形象的混合或共同废墟之上。

出于所有这些理由,我相信当今世界比哲学自身所认为的更加需要哲学。如果人们判断出当代哲学主要流派过于适应世界法则的话,那么这一切便不令人吃惊。我还相信,由于过于适应世界的法则,它们没有成功地告诉我们真正的生活能是怎样的。因此归根结底,对这些流派而言,这个世界本身所要求哲学的东西有一部分并不清晰。为使之变得清晰,必须在哲学本身有一种中断,即它就自身任务所说之话的中断。

准则可能是:打破终结。而打破终结意味着已做出一个决定。任何终结都不会自行终止,终结不会结束,终结是无止境的。为了停止终结、结束终结,就必须做出一个决定,而我尝试的正是在世界本身向哲学提出的要求里,给出这个决定的支点和有效元素。

我毫不否认,总之哲学生病了,考虑到计划的规模和支撑这一计划的困难,甚至它或许已濒临死亡。然而世界对它说,世界对这个垂死者说,在此不需要救星或奇迹——这至少是我的假设——世界对这个垂死者说:"站起来,往前走!"于是,在一种真正理念的指令下,往前走将带给我们幸福。

第二章 幸福考验下的哲学与反哲学

我把这类特殊的哲学家称为"反哲学家(antiphilosophe)",他用其存在的悲剧对抗概念构建,对他而言,真理绝对存在,但必须被遇见、被体验,而不是被思考或被创立。应该如此理解克尔凯郭尔,他说任何真理都"在内在性上",或"主体性本身是真理的特殊标记"。可是注意!反哲学家绝不是怀疑论者或相对主义者、当今的民主主义者,即文化多样性和五花八门的观点的支持者,诚如德勒兹在去世前不久对我所写的,这样的支持者"不需要"真理观念。

相反，反哲学家是最严厉、最不宽容的教徒。看看帕斯卡、卢梭、尼采、维特根斯坦——投身于反对"哲学家"的残酷斗争中的专横、无情之人。对帕斯卡而言，笛卡尔如何？"无用且不可靠。"对卢梭而言，伏尔泰、狄德罗、休谟如何？堕落之人、阴谋家。对尼采而言，哲学家如何？"罪犯中的罪犯"，应立即枪决。对维特根斯坦而言，理性形而上学的那些概念如何？纯粹又简单的无意义。而对于克尔凯郭尔来说，黑格尔的庄严构建如何？一个老人在世界的缺席："哲学家已离开，他不是内行，他坐下并在倾听往日的歌声与媒介的和声中变老。"

这种思想的狂热和某种对个人生活的坚定看法联系在一起，在所有伟大的反哲学家那里，它呈现为一种风格，人们无法把这一风格与他们的看法分开。仅仅说他们是伟大作家并不够！帕斯卡和卢梭引发了法国散文的革命性变革，尼采从德语中提取出未知的音调。维特根斯坦的《哲学逻辑论》(*Tractatus*) 只与马拉美的《骰子一掷》(*Coup de dés*) 相比,而拉康,我曾指出目前他是最后一位真正重要的反哲学家,他将心理分析赋予一种创新的语言。

我这个哲学家——概念的、系统的、热爱数元的——显然不会被反哲学家们这些绝妙而残忍的言论所迷惑。但他有责任针对他们所体现的挑战进行思考。就像尤利西斯,被缚于柏拉图以来作用于绝对 (l'Absolu) 思想的那些东西的坚固桅杆上,他必须倾听他们,理解他们,并强制自己承担责任,他们的乖戾脾气提醒他,如果没有他们,他将变成一个共见的民主主义者、适当的小幸福的宣传者,以及"没有理念地生活"这一指令的信徒。

在这些粗暴、傲慢的对手那里,令我感兴趣的是:他们反对人们今天意欲作为规范强加给我们的契约性、决议性的稳重,强调只有在选择的紧张且悖论的元素中,主体才有某种直面绝对的运气。必须赌一场,帕斯卡说;必须在自身中与意识的声音相遇,卢梭说;克尔凯郭尔则说,"通过选择,(主体)进入被选择之物,而如果不选择,他就走向消亡"。至于真实的幸福,它取决于要求我们做出选择的偶然相遇。正是在那里,真正的生活出现,或者,倘若我们变得软弱,它就在隐约可见时消逝而去。

生或死的问题,打赌、选择、不可推却的决断。主体只存在于这一考验中,如果个人不能超越一系列其动物客观性存于其间的平庸满足,并成为他能够成为的主体,那么任何幸福都不可想象,而每个人都或多或少隐秘地拥有成为主体的能力。

从那里得出一个迷人的启示:生活的任一片段,无论多么平淡无奇、多么无足轻重,都可能成为体验绝对,因而也是体验真实幸福的机会,只要它召唤主体进入一种纯粹选择,没有预先概念,没有理性法则,在克尔凯郭尔看来,这一选择是"意志的洗礼，它将意志并入伦理之中"。人们知道帕斯卡为了信仰，想对疾病加以利用。卢梭可以就一次昏厥，甚至就手淫进行思考。克尔凯郭尔把他和雷吉娜（Régine）的订婚变成至高无上的考验，在这一考验中审美阶段（唐璜的诱惑）转为伦理阶段（婚姻的存在严肃性），再转到宗教阶段（在选择和超越失望中我所成为的那个被净化、被绝对化的自我），此时他表现出反哲学的一个典型特征，即任意存在和不知名的个人都比故作庄重的哲学家更能带来绝对的机会。正是在这点上，反哲学家是一个深刻的民主主义者。他不关注地位、称号、契约。辩论、舆论自由、对他者的尊重、选举，他断言这一切不过是无关紧要的事。相反，就成为绝对所要求的主体的可能性而言，任何人都一样。在这个意义上，平等是根本性的，没有条件。克尔凯郭尔歌颂每一个善于实践这种顺从、这种高级被动性的个体，多亏这样的顺从和被动，"主体虽无法在即时生活中拥有其真正的生活,却能看到自己意味着他真正能够在生活中所相遇之物"。

"相遇"一词是本质的。一份爱、一次骚乱、一首诗:这些不会被推断出,也不会在一致赞同的公平分配中被分发,它们是被遇见的,并且由即时生活的这种强烈动荡,产生出进入绝对的既独特又普遍的通道。所有真实幸福都发生在一种偶然相遇里,不存在任何幸福的必然性。只有当今世界中"民主的"个人,那些悲惨的原子,想象着人们能够在法则、契约、多元文化和友人间相谈的安宁中生活。他们不明白,生活,就是绝对地生活,因而任何舒适的客观性都无法保证这种生活。在那里,生成-主体(devenir-sujet)的冒险必不可少,如克尔凯郭尔所教导我们的,"内在性的激情中,客观不确定应被牢固地保持在最高强度"。

保持"客观不确定":这种对客观性权利的反哲学质疑是一种有益的准则。为何向存在之物屈服,仅仅因为它存在着?当卢梭准备指明社会契约的法则与自由的种种可能时,他宣布,这是他就方法所说的话:"让我们把所有事实都丢在一边。"他说得有道理。经济与政治"现实主义"是一所服从的大学校。个人可能在那里沉溺,主体无法在那里形成。因为主体诞生于同一种未知可能的不可计算的相遇,一种生成-主体与之相连,这是唯一的一点,由此人们可以说"喜悦、喜悦的泪水",就像帕斯卡那样。

人们每天都向我们解释,全球化和现代化的种种约束,更何况亲善的民主的不变规则,合乎情理地迫使我们同意这个或那个。伟大的反哲学家们至少可以帮助我们躲避这些赞同的陷阱。假定不理睬他们是令人失望或荒谬的,那么通向主体及其唯一不可缩减的能力之路极有可能便是:在真理元素中运动。甚至就像克尔凯郭尔所注意到的,如果"通过在绝对意义中选择",即反对合理性和合法性的命令,"我选择绝望",那么同样,"在绝望中,我选择绝对,因为我本身就是绝对"。在这个意义上——且正因为如此,对那些痛苦万分的反哲学家来说,幸福并不适合乐天派——某种程度的失望是真实幸福的条件。

这些惊人的表达令我们想起,成为一种真理的主体并因而稍稍参与绝对,这是存在以相遇的模式提供给我们的一个机会。诚然,从现实世界来看,在这一相遇的结果中坚定不移通常是荒谬而应受谴责的,并且这种软弱无力的、共见的谴责让我们失望,但这里涉及我们自身向我们可能的存在的进入,主体性道路无疑是执着之路,是自觉承担我们偏离-正路(déroute)的结果的纯粹选择之路。萨特显然已经在克尔凯郭尔那里发现这种偏离-正路的迫切诉求,以便略微辩证地看待令他着迷的东西:经由黑格尔和马克思的不朽工作向我们敞开的历史的伟大道路。

因为人们无法在谈论一种(爱、政治、艺

术、科学的……）真理的主体时不引入创造观念，哪怕这种创造的背景是确定和重复的（况且克尔凯郭尔是"重复"的最伟大的思考者）。而创造要求自我对自我的偏离，要求差异在同一（l'identique）之中的悖论存在，无须黑格尔式中介的力量。克尔凯郭尔如此概述："这个（选择主体）自身以前并不存在，因为他通过选择而存在，然而他已经存在了，因为他是'他自己'。"

这是伟大的反哲学家，即那些概念的苦难牺牲者的证词，对我们哲学家而言，它具有典范性：相比自身的永存，存在有能力做到更多。它有能力在真理元素中产生某种主体效果。而这一效果的情感，无论是政治热情、科学真福、审美愉悦，还是爱的快乐，都始终是无愧于幸福之名的东西，超越任何对需求的满足。

诚然，为支持他们的暴力或幻想，这些概念的牺牲者必须依赖宗教、上帝、悲惨的生活、仇恨、荒谬……但教训依然存在。如果你想成为与受命所成不同的样子,请只相信相遇,请把你的忠诚奉献给被正式驱逐的一切,请坚持走不可能的道路。请偏离-正路。那么,你将能够,像贝克特的《看不清道不明》(*Mal vu mal dit*) 这一卓越文本中最后的文字所说的那样,"经历幸福"。

第三章 为了幸福,必须改变世界吗?

远古智慧的一个重要传统就是,人应该使自己的欲望适应现实,而不是希望现实适应他的欲望。这个看法里仿佛有一种现实的命运,并且人类能够得到的最高幸福就在于对不可避免之物的平静接受。斯多葛派哲学曾为这种"智慧"赋形,它长期占统治地位,直到今天依然如此,它这样被表述:资本主义及其"民主"向享有特权的西方公民们提供的家庭和消费的小幸福也许并不特别多,但想要其他东西——如共产主义——一定会导向最坏的情况。这种宣传里,主要在于经济方面的"现实"把私有财产和资本积聚作为大写的命运(Destin)强加给我们,我们所有的欲望都必须屈服于这一命运。

当圣-茹斯特在法国大革命期间写下"幸福在欧洲是一种新观念"时,他呼吁人类主体秉持另一种完全不同的对事物的看法。大革命要把旧世界连根拔起,并建立美德(其反面是腐败,即富人权力的不变之源)与幸福之间的基本联系。这就是说,世界的彻底改变和全人类的解放——就始终统治人类的寡头政治形式而言,从古代奴隶制到帝国资本主义——是真实幸福得以成为馈赠给所有人的一种生命可能性的先决条件。

整个十九世纪和二十世纪的大部分时间里,为了幸福就必须改变世界这一观念在世界范围内非常盛行。于是在这个无法抗拒的革命性潮流中,所争论的问题便是:如何改变世界?

而人们很快意识到这问题不可能很简单,因为它至少包含三个非常难的词,即名词"世界"、动词"改变"和疑问副词"如何"。所以我们一开始就面临一个复杂的语法意群。

让我们从名词"世界"开始。确切地说，什么是一个世界，或者正如我们经常所说，什么是"我们的世界"、我们的当今世界？倘若不能立刻说明我们对于"世界"的理解，本章标题将成为一个非常晦涩的问题。

我们来举一个当代的例子吧。就是2012年一部分美国青年进行的著名运动，它被命名为"占领华尔街"(Occupy Wall Street)运动。这次反抗和示威活动想改变的是怎样的世界？是作为金融资本主义象征的"华尔街"吗？抗议者声明："我们代表99%的民众，而华尔街只代表1%。"这是否意味着，他们所抗议的世界除了纯粹经济，还有民主这个政治幌子？在民主之中，一小部分有钱又有权势的人仅在其私人利益的驱使下，掌控着数百万其他人的生活。他们是否断言集体幸福的条件在于终止"民主"？在民主之中，这个小团体、这1%的人能够决定数百万远离我们西方大都市，即在非洲或亚洲生活的人的绝对苦难。但我们同样可以注意到，占领华尔街的那些人主要是中产阶级的年轻男女。也许他们正在抗议悲惨的、不确定的生活，抗议没有明确而灿烂的未来的生活？这就是我们西方世界的大都市里无数年轻男女的生活。这种情况下，他们的问题并不是"改变"世界，而是在几天或几周内，积极地证明我们的集体存在中有某种错误和不幸的东西。诚如结果所示，很可能在这种极为主观的精神状态后面，没有任何对客观世界及其改变原则的明晰表征，这改变朝向一种幸福的解放，作为新观念的幸福。实际上，世界真实的和理应成为的样子在运动的短暂欢乐中始终被遮蔽。

因为"世界"绝不是一个简单的名词。在何种范围内人们可以开始谈论世界？显然，必须确定一般性或存在的不同层次，以便理解什么是一个世界。在此,我提出应区分五个层次。

首先,有我们内在的表现、激情、观点、记忆的世界:个人世界,伴随着其身体和精神。其次,我们可以确定某些封闭团体所形成的集体世界:我的家庭、我的职业、我的语言、我的宗教、我的文化或我的民族的世界。这些世界依赖于某种确定身份。我们也可以把人类的全部历史视为一个世界。这不涉及某个封闭团体,也不涉及某种确定身份,而是一个包含多种重要差异的开放进程。同样应考虑到我们的自然环境,我们身处自然之中,与石头、植物、动物、海洋等共享大自然。这个世界是我们的小星球——地球。最后,在第五个层次上有宇宙、星星、星系、黑洞……总之,我们有个人世界,它是心理世界;有封闭团体的世界,它是社会学世界;有人类存在或历史这个开放进程的世界;有我们的自然世界,它是生物学和生态学世界;最后还有宇宙,它是物理学和宇宙学世界。

让我们向第二个困难进攻：动词"改变"。显然，我们改变一个世界的潜在可能或能力完全取决于对这个世界的界定层次。假如我已经结婚并爱上另一个女人，这可能会确定前两个层次上的一种重要改变：我的个人世界——激情、表现等——和我的封闭家庭世界。而且毫无疑问，这会大大影响我的个人幸福的表征。在第二个层次上，有多种类型的改变：革命、改革、内战、新国家的建立、一门语言的消失、殖民主义，或者还有尼采所称的"上帝的死亡"。针对这些改变中的每一个，都有明确与之相应的新的幸福及不幸的辩证法。在第三个层次，即大写的历史的层次上，有很多相互对照的概念，一方面是进步、国际主义或共产主义，另一方面是作为历史终结的资本主义、作为普遍目标的民主，以及在这些奇妙名词背后的客观帝国主义和主观虚无主义。我曾经说过，这就是一种幸福哲学的可能范围，或是斯多葛派的、顺从的，或是革命的、战斗的。在第四个层次上，我们经历着当前关于生态问题、气候变化和地球未来的复杂讨论。那里，有一种关于人类幸福的千禧年观念的来源。在第五个层次上，我们无法有所作为。我们只是整个宇宙中一个极小的部分、一个微不足道的碎片。但我们在我们可怜的星球之外寻找生命迹象，也许有希望某一天与真福的全新形式相遇。

这一切之中，动词"改变"的确切含义是什么？其实，我认为我们的区分和界定过于模糊，难以为我们提供"改变世界"这一表达的清晰含义。总之，一个作为整体的世界并非真的可以改变。必须根据"世界"一词的不同语义层次来看待事物。一个人可以在他的一生中发生改变，但其主观世界的某些部分以及由童年经历所决定的某些身体特征或基本心理构成是始终不变的。我们能够超越我们的封闭团体的界限，却无法完全避免被我们的出身、我们的语言，被我们的民族性的文化背景所限定。我们在一种开放历史中的行动,或者我们为改变或保护自然环境所付出的努力,都同样如此。

在所有传记或历史中,一个确定世界里发生某种局部改变的可能性可以被观察到,此后可能出现这一局部改变的某些结果,有时是具有深远影响的结果,在幸福的表征和真实中都引起变化。一种改变永远不会以明确的方式,作为"世界的改变"而立即出现。它相对这个世界而言被认为是大或是小,而这仅仅以追溯既往的方式,通过它所导致的结果来评判。

让我们以1917年10月在俄国发生的著名的布尔什维克革命为例。伟大的美国记者约翰·里德(John Reed)曾写过一篇关于这场革命的报道,他将之取名为《震撼世界的十天》(*Dix jours qui ébranlèrent le monde*)。可涉及的是哪个世界?肯定不是资本主义世界的彻底改变,像马克思或列宁所梦想的那样(列宁相信俄国革命只是一个总体进程的开端,第二阶段将是德国革命)。不管怎样,这一局部事件产生了具有深远影响的结果。它对所有革命激进主义分子起到了基础参照作用,并代表着"二十世纪的世界"的一个重要部分——从苏维埃联盟到共产主义中国,包括越南战争或古巴。然而在二十世纪后半叶,我们看到,几乎所有在1917年布尔什维克革命之后得以发展的"社会主义国家"都产生了剧变。因此,只有现在,我们才能理解约翰·里德那本书的题目。诚然,世界的一部分被俄国革命所震动。诚然,其具有深远影响的结果使得人们把这一事件称作真实而重大的改变。但归根结底,我们当今的整个世界被资本主义所控制,几乎同事件发生前一模一样。故而我们可以从中得出结论:二十世纪最重要的政治变革没有"改变世界"。

所以,为了理解"如何?",我提议用三个词、三个概念的复合体来取代"改变世界"的观念,即事件、真实、结果。现在,我将努力尽可能清晰地解释这些哲学术语及其与幸福这一同类问题的关联。

事件是在一个世界局部发生的某件事的名称,它无法从这个世界的法则中推断得出。它是世界日常变化中的一种局部断裂。我们知道,世界的规则通常产生某种相同程序的重复。例如在资本主义世界,马克思提出要全面解释货币投资、货币向食物转化以及返回货币这些循环的重复,或者薪酬、价格与利润之间的重复性关系。更为普遍地,他描述了将生产与流通联系在一起的资本的总体进程。周期性危机不是资本主义生成中的断裂,而是其发展的理性部分,他同样对这个事实提出了一种明确解释。正因为如此,事件在任何方式上都不是一种惯常的危机。比如,欧洲当前的经济危机并不是一个事件,它是全球化的资本主义世界的一个组成部分。事件是局部地发生在全球化资本主义世界的某件事,但如果我们只是运用包括系统性危机法则在内的资本的重复性逻辑，它则不能被包含在世界的总体性之中。

由于被这个世界的法则所遮掩，世界上的某种东西是隐藏或不可见的，事件的力量就在于它展现出这种东西。世界的某个部分先前仅存在于一种消极限制的形式下，事件是对这部分的揭示。并且，这种揭示与幸福问题之间的关联很明确：因为涉及对某种限制的解除，对所有遭受这一限制却没有明确意识到它的人来说，思想和行动的新的可能就会立刻出现。而幸福的一种可能界定是：在自身发现一种人们并不知道自己已拥有的积极能力。

我举两个例子。

为何1968年"五月风暴"在法国是一个真实事件？又为何这一事件超越某种失望，超越人们过于方便地称为革命性"失败"的东西，给其参与者，至少是没有被二十世纪八十年代的堕落变为活-死人（morts-vivants）的那些人，留下了他们的存在中一个强烈、剧变且绝对幸福的——即便是焦虑的——时刻?原因在于,大学生的大规模暴动和工厂工人最大规模的全面罢工同时出现,揭示了在"二十世纪六十年代的法国"这一世界中,作为其法则的年轻知识分子与年轻劳动者之间的严格区分是一种陈旧的必要性。事件恰恰揭示出这一法则能够并最终应该被其反面所取代:由年轻知识分子与工人的直接统一所创建的一种新的政治潮流。法国共产党之所以不是此事件中的积极行动者,而更确切地说是运动的一个靶子,是因为它也是根据这种区分法则而组织的:知识分子支部和工厂的共产主义支部之间的任何直接关系都遭到严格禁止。因此,该党派同样是旧世界的一部分。在事件所揭示的旧世界范围内,"新"世界的真实在于,表明被旧世界的所有组成部分禁止的一种政治统一形式是可能的。完全有可能在社会中实行这种统一,打破社会壁垒,在一种同时进行自我创造与自我实施的政策中成为平等的人,这个发现是一种前所未有的主体感悟的源泉。

对事件真实力量的另一个阐明,是埃及"阿拉伯之春"期间著名的解放广场(place Tahrir)。穆斯林和基督教徒之间的关系最好是冷漠,最糟是敌对,这种关系在"埃及"民族世界里是通常被接受的法则。但这两个团体的紧密统一,作为世界的可能新法则,出现在民众占领广场期间。例如,基督教徒在穆斯林做祷告时保护他们,并且更普遍地,两个团体的政治口号一致。同样在这一点上,即使历史变化由一种致命的迂回所标记——受教育的小资产阶级与伊斯兰运动拥护者之间的决裂所导致的后果是把军人重新引向政权——这个统一时刻的主体痕迹依旧作为必然照亮未来的东西而继续存在。

这两个例子里,事件所揭示的新真实以一种新的统一的形式出现,它超出直到当时仍是既定的差异。这些差异一直在世界中作为这个世界的法则而"既定"。并且这些法则像所有法则那样,规定着可能与不可能之事。如规定在日常生活及集体行动或思想中,知识分子和普通劳动者必须被分开。可事实上,1968年"五月风暴"表明了这两个团体在思想、行动和组织上的一种直接统一的政治可能性。埃及的穆斯林和基督教徒之间的关系也同样如此。

这一切使我们得以进行一种至关重要的观察:多亏事件的力量,许多人发现,世界的真实可能位于某种从这个世界的主导观点来看完全不可能的东西里。在此,法国"五月风暴"的口号之一意味深长——"做现实主义者:求不可能之事!",并且我们非常理解拉康那句略显神秘的话:"真实就是不可能。"

新的断言、世界的真实在事件压力下所宣布的大大的"是",始终意味着对可能性的许诺:某个先前不可能之事是可能的。而在此意义上,我们可以说,幸福总是享有不可能之事。

因此我所称的"事件的结果"是世界中的一个具体过程,它展现先前不可能之事的各种可能形式。所以这也就像幸福的执行力。我曾提出把这种过程称为对事件的"忠诚",换句话说,即一切行动、创造、组织和思想接受曾作为一种世界法则的不可能性的新的、根本的可能性。于是我们可以说:任何真实幸福都是一种忠诚。

忠诚,就是通过接受事件的结果而成为改变的主体。我们也可以说,革新总是具有一个新主体的表象(apparence),其法则是在世界中实现新的真实,这一新的真实作为不可能点(point d'impossibilité),曾被"旧"世界揭示为一种禁止的可能性。于是我们说:在个体那里,幸福是他发现自己能够成为的那个主体的来临。

当人们被包含在能够容忍事件结果的组织、稳定和形式中时,新的主体便存在。此外,主体并不完全是世界法则的主体,因为结果本身由某个事件产生,而事件是世界日常变化中的一种断裂。所以，新主体既在旧世界之内，也在旧世界之外。我们可以说，它内在于世界，却以一种例外（exception）的形式。于是我们进一步说：幸福是作为内在例外的主体之情感。

人们将记住新主体的三个根本特征，这个新主体也可以被构想为幸福的主体。

第一，这一主体的自由是作为例外，在世界中创造某个东西。属于该范畴的创造接受事实的结果，这事实就是由事件所揭示的真实与世界的某些消极限制相对立。因此对这个主体而言，自由的真正本质并非做他想做的事。实际上，"您想做的事"本身就是您对现实世界的适应的一部分。之所以世界赋予您做自己想做的事的能力，必然是因为您服从于现实世界的法则。在一种真实创造的情况下，您同样要创造出您的创造的某些甚至全部才能。真正的自由，总是做真实所规定、作为世界中例外结果之事的一种方式。因此，自由的真正本质，即真实幸福的基本条件，是纪律。这就是为何艺术创造在这里可以充当范式。大家都知道,艺术家遵守创新的严格纪律,遵守耐心且常常使人精疲力竭的工作的严格纪律,以便日复一日,最终找到对真实的一种新的表现的各种形式。当然,科学创新的情况也同样如此。更为普遍地,我们应肯定,主体存在于无法区分纪律和自由的那个点。这样一个点的存在由诗意表达所特别证明的一种强烈幸福所指示,这种诗意表达既是"自由的"语言,也是一种形式上的严格纪律。

第二,主体不能被某种身份所封闭。作为内在的例外,解放过程是开放而无限的,因为主体的工作某种程度上处于世界的有限约束之外,它总是普遍的,无法被归结为某种身份的法则。一件艺术品、一个科学发现、一次政治革命、一份真正的爱,都涉及人类本身。正是为此,在马克思眼中,一无所有并因而被迫使用体力的工人是人类的类性部分(partie générique)。这种身份缺失、这种对身份的类性否定同样解释着《共产党宣言》的著名宣告:"工人没有祖国。"从世界的客观性来看,内在于某个世界的主体总有一个祖国。然而从解放过程来看,作为内在例外的主体是类性而没有祖国的。人们知道,经由其主体力量,幸福使一切身份束缚变得极其脆弱。这就是"世界上只有相爱的人"这一说法的含义,它意味着他们的特有使命——爱——拒绝辨认可能将他们彼此区别、彼此分离的一切。

第三,我已经说过,主体的幸福-存在(être-heureux)是在自身内部发现他能够做某件原先不知道自己有能力去做的事。这里,关键在于超越——在黑格尔的意义上,扬弃(Aufhebung)——即发现超越表象界限的方法就在其本身,从而越过它。这个意义上,任何幸福都是一种对抗有限(*contre la finitude*)的胜利。

在此,有必要引入对"幸福"和"满足"的一种明确区分。当我看到自己的个人利益与世界提供给我的东西相一致时,我感到满足。所以,满足由世界的法则,由我的自我与这些法则之间的和谐所决定。最后,当我能确信自己融合于世界时,我便感到满足。但人们可以提出反对意见说,满足实际上是一种主体死亡的形式,因为个体被迫处于与现实世界的一致之中,无法变成他有能力成为的类性主体(sujet générique)。

解放过程中,我们体验到幸福是对满足的辩证否定这一事实。幸福在确信、创造、新颖和类性(généricité)一边。满足则在弗洛伊德所称的死亡冲动、主体性向客体性的缩减一边。满足是一种激情:寻求并找到世界向个体提供的"好位置",然后停留在那里。

这就是为何本章所谈论的是,幸福与一种(政治)解放、(艺术)创造、(科学)发明或改变——"在自身生成他者(devenir-autre-en-soi-même)"这个意义上——(爱)的后事件进程的主体化(subjectivation)之间存在的紧密关系。

抵达了这一点,我们便可以返回构成本章题目的那个提问:"如何改变世界?"

答案可能是:通过成为局部事件结果的一个主体部分。我们同样可以说:通过对某个事件的忠诚,通过创造自由与纪律之间的对等,通过发明一种幸福的新形式,即战胜满足的专制和死亡冲动的权力。当我们体验到幸福不是变化过程中预先确定的目标,而是过程本身的创造性主体化时,我们就知道某个东西正在世界上发生变化。当我们能够,像圣-茹斯特所做的那样,宣告幸福是一种新观念时,世界便正在改变。

在马克思的革命观里,这一看法是根本性的。在他看来,集体公平的新的可能性之名,如我们所知,是"共产主义"。由革命事件所揭示的资本主义的消极束缚一清二楚:对资本主义来说,平等是不可能的。所以,"共产主义"是这个不可能性的政治可能性之名:平等的可能性。然而,就像我们在《1844年经济学哲学手稿》和他著名的《共产党宣言》中所看到的，马克思不认为共产主义是新社会的纲领或一种关于公平的抽象观念。共产主义是摧毁旧社会的历史进程之名。因此，改变不是得到某个结果。结果在于改变本身。

这一观点或许可以在一个更普遍的层面上来阐释：幸福不是每个人的满足的可能性。幸福不是一个人人都能在其中得到满足的好社会的抽象观念。幸福，是一个艰巨任务的主体性：随着事件的结果设法应付，并且在身处我们这个世界的暗淡而阴郁的存在中，发现由肯定的真实所提供的种种明晰可能，而这个世界的法则曾是对这些可能性的隐秘否定。从世界角度来看，某种东西是不可能的，幸福，就是享有这个不可能之物有力的、创造性的存在。

如何改变世界？答案确实令人高兴：通过成为幸福的人。但我们必须为此付出代价，那就是某些时候确实感到不满足。这是一种选择，我们生活中真正的选择。这是有关真正生活的真正选择。

法国诗人阿尔蒂尔·兰波曾写道:"真正的生活不在场。"我在此试图表明的一切概述如下:由您来决定真正的生活是在场的。请选择新的幸福,并为之付出代价!

第四章　哲学的目的地与情感

正如我们在前三章所看到的，"幸福"是与不同真理程序相连的几种情感的综合词。在《世界的逻辑》(2006) 中，我首次明确指出，个体对真理的参与由一种情感所标明，并且对于每种类型的真理，各有一种不同的情感。在本书中，我最终选定以下命名：对政治行动，我谈热情；对科学发明，我谈真福；对艺术创造，我谈愉悦；对爱的辛劳，我谈快乐。的确，我没有真正描写过这些情感。我没有进入它们个体价值的一种现象学。假如我能写出系列著作的第三部《存在与事件：真理的内在性》，我很可能会至少部分地弥补这一点。该书的一部分内容将涉及，当某个确定的个体加入一种真理程序，当他被理念所占据时，对他而言所发生的一切。我要探讨一些新的点，尤其要区分这些情感：真福，不是愉悦；愉悦，不是快乐；而热情和这三种不同。

可《存在与事件》和《世界的逻辑》之后，第三部书的总体必要性是什么？为何这种必要性特别针对情感的本质，并因而特别针对哲学与幸福观念之间的联系？

首先让我们来展望一下。人们可以相当简单地这么去做。《存在与事件》可被视为分阶段建构的第一部分，这部分主要涉及存在问题。存在怎么样？亚里士多德所命名的"作为存在的存在（être en tant qu'être）"怎么样？认知它的道路与方法如何？我的本体论主张在于，作为存在的存在是纯粹多元（multiplicité pure），即不由原子组成的多元。存在显然由元素组成，但这些元素是本身便由多元所构成的各种多元。尽管如此，但人们抵达一个中止点，它完全不是大写的一（Un）——大一必然是一个原子——而是空（vide）。这就是我关于存在的主张。至于对存在的认知，我主张把本体论——关于存在的话语——等同于数学，它本身也被视为纯多（multiple pur），即"无属性"也没有大写的一的多（multiple «sans qualités» et sans Un）的科学。此外，《存在与事件》详述了一种与之相对应的真理理论，它是真理的一种形式理论：和任何事物一样，真理是多元。真理的独特性在于它们取决于一个事件，事件是一种正在消失的多元（multiplicité évanouissante），一种在其赖以发生的情势（situation）中找不到任何根基的多元。一种真理就是一种多元，后者由事件的结果构成并因而悬于一种无根基的存在（être infondé）。所以问题在于，知晓这一将被称为真理、悖论的或更确切地说罕见的多元属于何种类型。因此本书所论述的既是一种存在理论,也是一种真理理论,这一切都在一种纯多理论的框架之下,那是一种时而受无根基的显露(surgir infondé)所影响的纯多理论。从这个观点来看,这一事业——本体论事业——的隐蔽情感主要是科学理解(在这种情况下,如多元之数学)所产生的真福。深夜里,在徒劳地努力并写满数张纸之后,论证结构及其赋予整个理论的意义忽然变得清晰,任何对此时人们所处的状态有过体验的人都会理解我。作为存在的存在一旦被把握于其纯粹性的书写中,就会慷慨地献出幸福,真福正是这幸福之名。

此建构的第二部分,即《世界的逻辑》,致力于表象问题(question de l'apparaître)。它涉及一种理论,即有关在某些既定世界显现并构成世界各种事物之间关系的存在的理论。我主张把总建构中的这个部分称作逻辑。它关系到一种逻辑,因为它针对的不再是存在之物的构成,而是所有局部地显现于世界的一切事物相互之间所缔结的关系。总之，在存在理论之后，是一种存在-于此（être-là）的理论——为使用与黑格尔的用词相近的词——也就是说，被放置、被安排在某个独特世界的全部关系中的存在。隐含的情感也许优先是艺术工作的愉悦和爱的快乐，因为这两种情感都深深地与享有一种或多种关系相关联。在艺术情形下，涉及与感性之间各种形式的关系，正如雅克·朗西埃所说，其"分享"的不同时刻；在爱的情形下，则涉及对差异及其摆脱孤独、穿越世界的魔力的内在辩证体验。

在《世界的逻辑》中，真理问题显然被重新论及。《存在与事件》探讨了作为特殊多元的真理的存在，继数学家保罗·科恩（Paul Cohen）之后，我称之为类性多元（multiplicités génériques）。跟随《世界的逻辑》，人们进入真实身体以及它们之间关系逻辑的问题，尤其进入了真理的表象问题。如果在某个世界显现的一切都是一种身体（corps），那么就必须探讨真理身体的问题。因此这第二部书的目标主要是一种身体理论，它也可能是一种真理身体的理论。而第一部书的目标是一种多元理论，它也可能是一种作为多元的真理，即类性多元的理论。

真理身体的问题成为中心问题，这显然说明（形式化的感性之）愉悦和（他者及作为世界统治者、有性别的大写的二之）快乐是这一层面上幸福的最为探明的形式。

第三部书的计划在于从真理角度考察事物，因而也考察存在与表象。第一部书问道：就存在而言的真理如何？第二部书问道：就表象而言的真理如何？第三部书将会问：从真理角度来看的存在与表象如何？至此我便全面探讨了这个问题。

问题是，发展到第三个阶段，这意味着漫长的迂回和诸多难题。

从人和人类学的角度来看，一种真理由个体与更加宽广的整体的联合所构成。所以我想知道，当人们在真理过程本身的内部来考察世界及世界中的个体时，它们如何呈现，如何被安排。某种程度上，这个问题是对前两部书的视角的颠覆。人们先前思考，从存在和世界的角度来看，真理是什么，现在人们思考从真理的角度来看，存在与世界如何。于是，人们遭遇到等级问题：真理，如同存在一样，本质上是无限的，而显现于世界中的身体似乎无法挽回地被标记为有限。无论如何，从哲学的现代时期开始，自笛卡尔（对他而言，谜一般地，无限是一种比有限"更清晰的"观念）以来，有限与无限之间的这种辩证法始终折磨着哲学，今天又该如何呈现它？

幸福无疑被包含在其中，因为幸福的一种简单界定可能如下：任何幸福都是对无限的一种有限享有。

人们自然会在前两部书里找到对这一困难的概述。《存在与事件》尤其包含着关于无限真理反过来对世界产生影响的一种相当复杂的理论，在赋予其生命的事件之后,真理便在世界中运转。这一影响以知识的面貌存在。论点是:人们将把真理有区别地阐明本体情势的方式称为知识、新知识、知识的创造。就像在柏拉图那里:人们离开表象的洞穴以抵达理念,但必须重新下到洞穴里,以便阐明由理念出发而存在的东西。必须这么做,哪怕经受某些风险。事实上,正是返回洞穴时风险最大,也就是从你们所认为的真理的角度,对表象世界,因此也是对主要意识形态表达意见时。而对柏拉图来说,只有这一风险能实现理念,实现与真理相连的幸福。因为,拒绝返回洞穴的人、逃避分担真之普遍性的义务的人,可被认为经由对理念的占有而获得满足:他不懂得只有这种分担才能带来的幸福。

在《存在与事件》中,我首次以力迫理论(théorie du forçage)的名义探讨了这个返回问题:人们从新的真理出发,力迫一次共同知识的转化。这是相当复杂的理论,说实在的,如同柏拉图的返回洞穴理论一样复杂。归根结底,柏拉图并没有就此说出多少东西,只是说返回非常危险、非常艰难,既是不确定的又是必要的。柏拉图告诉我们,这一返回必须被强制,否则人们就会停留在凝视真理的平静区域,仅限于得到满足,而无法上升至幸福。在此,《存在与事件》中曾就真理与知识之间的关系使用过的"力迫"一词,是完全恰当的。这不是一种自然的、自发的程序。某种意义上,任何幸福都是通过意愿的力量获得的。

至于《世界的逻辑》,这部书不包含力迫理论,而是透过构建真理身体的具体、表象、经验的条件之现象,涉及世界的独特性与真理的普遍性之间内在关系的一种理论。我主张真理是一个身体。以此身份,它随存在物(ce qu'il y a)而形成,也就是说与其他个体的身体一起,这就是所谓的联合(incorporation)。这种联合向我们阐明真理在世界行进的方式,以及它与这世界本身的材料——身体和语言——之间的关系。在《世界的逻辑》中,我从这一表达出发:"在一个世界中,除了真理,只有身体和语言。"我着手对这个"除了"进行第一次唯物主义考察:真理同样是身体和语言,可主体化的身体。为阐明真理与身体及语言之间的关系,我使用和《存在与事件》中的"力迫"对等的一个概念,即并存性(*compatibilité*)概念。在技术意义和基础意义上,真理之身由一些可并存的元素构成:它们任由同一个元素支配。

实际上,真理永远是一种由某个东西所控制或组织的统一多元,这个东西使先前并非必然能并存之物变得可并存。可以举一个非常简单的例子:关于革命党派的大部分观念在于创造一种知识分子和工人并存的理论,并且此理论中,政治使通常无法并存的阶级差异得以并存。葛兰西的有机知识分子理论以及其他相近的理论,都属于这一类型。它们不仅论述作为冲突的阶级差异,也创造先前并不存在的阶级之间的并存性，例如从中产生一种阶级联盟的理论。在美学上，有相同范畴的情况。一件艺术品——被视为主体——创造出多种事物之间的并存性，而它们先前被认为是不可并存的，是绝对分离的。一幅画在并非注定能和谐共存的色彩之间，在先前不协调的形式之间创造并存性。它把色彩和形式纳入更高级的并存性中。

简单地说，本体论层面的力迫概念和现象学层面的并存性概念都已论述真理与真理在其间行进的情势之间的关系，因而也隐含地探讨了有限与无限之间的新辩证法，这是真实幸福的关键之一。第三部书将把这一切系统化。可以说，它将置身于真理的所有不同类型中以展开思考：从真理的角度来触及一整个世界时，会发生什么？关于本体论上构成一种情势的任意的普通多元，当人们采用类性多元的视角时，会发生什么？这一范畴内，我将探讨在个体层面上标明联合过程的独特情感。什么是爱的欢乐？什么是审美愉悦？什么是政治热情？什么是科学真福？在《真理的内在性》中，这一切将被系统地研究。因此，我希望借助关于有限和无限的现代理论，抵达一种幸福的思辨科学。

总之，未来这部书的结构相当简单。首先，我准备更技术性、更确切地详细论述我刚刚快速说明的问题：同真理联合的个体和普通多元之间的关系问题，普通多元既在其存在也在其物质世界的表象中被思考。这个开头将围绕一种非常简单的观念被组织，即与真理的联合始终是连接个体的有限之维和一切真理过程的无限之维的一种新方式。隐藏的形式主义故而必将是有限多元与无限多元之间的一种新辩证法，其数学支撑是现代"大无限"理论。在我看来，这个理论是任何当代幸福哲学的首要条件之一，因为它终于能够辨别弱无限与强无限，弱无限在最好情况下也只能奉献出满足，而真实幸福取决于强无限的产生。接着，我准备在第二部分指出一般规律和形式装置，它们从真理角度出发来组织与世界的关系。因此将有一个关于个体与真理的联合以及指示这一联合的多种情感的一般理论。人们会问：从真理角度来看，什么是世界的敞开？什么是障碍？什么是胜利？什么是失败？什么是创造？第三部分将通过提出艺术、科学、爱和政治的系统理论，一个真理程序接着一个真理程序地重新探讨事物。尽管我的著作中有多处曾略微论及这样一种理论，但它并未在任何地方被详细阐述。这就是《真理的内在性》的理想方案，它当前正处于进行中的工作的状态。

我想强调，在第二部分，我打算提出关于四种真理程序的共同点及其潜在可能的一致性的理论。实际上，这部分将重新论述真理理论，不过这次是从真理本身的角度。它将涉及的是在其自身辨别真理的东西，而不再是将真理区别于匿名的存在或世界之物的东西。但我也会继续对哲学提问。如人们所知，在《哲学宣言》中，我对哲学的定义是：为那四种条件创造共存可能之地（lieu de compossibilité）和共同存在之地（lieu de coexistence）的东西。还要考察，哲学是否除此之外还依赖于包含这些程序的一种生活形象（*figure de vie*）。这是人们经常向我提出的一个问题，我打算正面探讨它。显然，人们立刻看到问题就是我在这里已经称为真正生活的东西；但不仅如此，因为一旦涉及总体考虑四种真理程序，那么更确切地说问题就在于：什么是一种完整的生活？真正生活的问题，我已在《世界的逻辑》结尾处提出了。什么是真正的生活？兰波说它不在场，而我确信它是能够在场的。我的回答是：真正的生活是在理念之下生活，也就是在有效联合之下生活。在《真理的内在性》中，最后的问题将近似却不同：是否有一种诸观念之理念（Idée des idées），即完整生活的理念？于是，人们回到古代智慧的雄心。人们重拾对生活最初的向往，它不仅由理念和真理，也由完美生活的观念所标记，在这种生活里，一切能够作为真理被体验的东西已被体验到。

这种提问是否会发展为假设一种哲学主体能够存在？这一主体的情感正是把愉悦、快乐、真福和热情归入其统治之下的幸福。

明显的反对意见在于，居于四种条件之下的以及概念性地从艺术循环至科学并包括政治和爱的东西，是哲学本身，而非哲学主体，后者的存在值得怀疑。但主体问题在这第三部书中将经常出现。我始终反对这一论点，即哲学是一种和其他真理程序相同的真理程序。它不可能和其他真理程序相同，因为它依赖于它们的存在，而艺术、科学、爱和政治都不依赖于哲学的存在。所以显而易见，哲学与这四种类型的真理程序不是一回事。尽管如此，但知晓人们能否指出哲学主体的位置，这个问题是开放的。倘若存在一种哲学主体，那么它指什么？进入哲学指什么？在哲学中指什么？在政治积极分子、艺术家、学者或恋人那里所找到的联合这一意义上，哲学的联合肯定不存在。但在哲学中，人们完全能进入确实的思想，而不是虚无。问题始终是开放的。如果人们假定哲学主体存在，那么它具有怎样的位置？是否就像我的几个隐喻所暗示的，它是一个不在场的中心？显然，哲学提出关于真理主体的一般学说。可人们如何进入这种哲学主张，如何在其中汲取养分？它以何种新方式使重返真理程序成为可能？最后，它如何能打开通向真正生活或完整生活之路？这些都是我将提出的问题。确实，我在讨论这些问题的方法上始终有些犹豫不决。我面对一个没有解决的问题。并非因为我的哲学是系统性的，它便声称已经解决了所有问题！

应该说直至今日，我倾向于通过摒弃而不是提议来否定性地涉及某些问题。于是我摒弃了诡辩派的论点，在它看来，哲学是事物的普遍统一,而这仅仅因为哲学是一种普通修辞学。二十世纪的语言学转向,在根本上导致产生把哲学与普通修辞学相比的一类学说。这可以延续到芭芭拉·卡森(Barbara Cassin)的论点:没有本体论,只有一种逻各斯学(logologie)。正是语言勾勒出并组成人们所提出的作为存在形式的一切。二十世纪经历了一种学术的、批评的、反教条主义的倾向,它逐步指向语言的创造力。德里达是对这一倾向洞察入微的大师。在我看来,这令哲学成为一种普通修辞学、有创造性的现代修辞学,成为人们所希望的一切。但我说过多次,我不属于这一论调。在柏拉图与诡辩派的争论中,我毫不犹豫地站在柏拉图一边,站在《克拉底鲁篇》的柏拉图一边,我们看到,对他来说,哲学家从事物而不是从词语出发。我们这些哲学家,我们从事物而不是从词语出发。在这里我补充一点,诡辩派的学说是一种满足理论,根本不是一种幸福理论。而且这是因为它顺从于有限,却对无限一无所知。

所以,我已经否定地采取了一系列立场,针对通向哲学的路径,也针对这种路径在最终的幸福问题上所起的作用。以一种更为肯定的模式,我曾指出我所称的哲学运算(opérations philosophiques):因此我谈论的不是事件,而是运算。其中两种运算在我看来是不容置疑的。第一种是鉴别运算:通过构建一种真理是什么的新概念,哲学确定真理的位置,特别是它那个时代的真理。第二种运算:通过真理范畴,哲学使真理的差异性、异质性的语调具有共存可能性。这涉及辨别功能和统一功能。哲学始终在两者之间被把握。辨别导向一种批评概念,即对真与非真的区分;统一导向对总体和系统范畴的不同使用。

我坚持哲学的这两种古典功能。此外,我始终确信自己是个古典主义者。我指出,哲学与其条件具有共时性,它制定真理的范畴,后者使它得以辨别、抽取那些条件并强调它们不可还原为日常世界的方式。并且,通过指出各种条件如何构成时代,构成任何主体都置身其中的思想活力,哲学试图以某种方式思考当代性概念。在这个意义上,哲学指明一切真实幸福的可能境域。

但必须走得更远,要考虑哲学与生活之间的关系如何。这是个极为重要的问题。倘若人们无法说出从真正生活的角度来看哲学何为,那么它就只是一个附加的学术性学科。因此,第三部书也力图创造正面探讨这一问题的可能性。这将涉及重拾柏拉图关于哲学与幸福之间关系的问题。

总之,必须由真理普遍独特性的否定学说转入内在的、肯定性的学说。我自己感到震惊的是,目前我仅以一种差别的方式来探讨真理,因而也如此探讨主体——主体是真理的定向规约(protocole d'orientation),真理与主体绝对关联。我曾思考:哪种类型的多元是真理?令它区别于一种任意多元的是什么?这是《存在与事件》的根本意图。所以在那个时代,我已经身处例外之中。如果真理是世界法则的一种例外,那么人们应该能解释这种例外在于什么。若立足本体论、存在理论和存在的数学理论方面,人们就应该能从数学上解释哪种类型的多元使真理具有独特性。借助集合论和科恩的定理,我指出这种多元是类性的。换句话说,这是一种不会任由人们通过可用知识来思考的多元。可用知识的任何谓词(prédicat)都不可能辨识它。科恩的技术正用于此:用于指出可能存在一种不可分辨的多元,它不会任由知识中流转的一切谓词来辨别。以此方式,真理在其存在本身的层面上逃离知识。这似乎是对真理的一种肯定性确定:它们是类性多元。然而,仔细来看,这其实是一种否定性确定:这是一些不能还原为可用知识的多元。所以,我对真理的界定经由一种差别的方法,而非通过一种固有的或内在的构建。

在《世界的逻辑》中,真理被定义为可主体

化的身体。其自身特征是什么？特征有多种，但其中一个是中心的：这个身体的构建规约使得组成它的一切可以并存。不过，这种并存性实际上只是真理是什么的关系性特征。在真理内部，人们发现其所有元素都处于并存关系中。这是一个客观特征。因此这两种情况下，借助类性和并存性概念，我抵达了分别针对真理存在和真理表象的一种确切的客观规定。可恰恰缺少一种主观上的确定。这一切并没有告诉我们什么是真理程序内部的实际真理，也就是说对真理主体本身而言，什么是真理。

在我看来，我对这些问题的回答过于功能化。我说在本体论层面，主体是真理的一个点、一个局部时刻。在现象学层面，我说它是可主体化身体的构建的一种定向功能。这些功能性界定本身始终是客观的。今后必须达到某个使真理规约具体化，写下并组织它的东西，这一次真理规约以内在方式被审视，也就是说真理规约自身被主体化。

在《主体理论》中，我区分了"主体进程（procès subjectif）"和"主体化"。若运用这一区分，我会说《存在与事件》和《世界的逻辑》包含着有关"主体进程"的决定性内容，但"主体化"依然模糊不清，仍被否定地、以纯粹的差别方式讨论。主体化是人们内在地使真理规约成为主体的方式。缺少对主体化是什么的一种直觉。而我在本书中多次说道，幸福决定性地与主体化相关。

可如何以令人信服的方式论述主体化？这样一种论述的形式规约是什么？总之，目前我知道一件事：这将意味着否定范畴的形式转化。尤其是，这假定人们能够同时具有一种"强"否定（在马克思主义政治传统中，人们称为敌对的或"不可调和的"矛盾）和一种"弱"否定，后者接受非破坏性的矛盾、不意味着消灭双方之一的矛盾。

正是在这样一种概念的谱系中，必须最终使用新的形式化。如果真理的主观规约由个体向真理之生成的归附或联合所组成,那么问题就在于知晓个体差异如何在真理规约中发生作用。这个问题始终令我感兴趣。让我们举一个非常简单的例子。两个人在看一幅画,就会出现部分的联合,由某种情感、智力劳动以及对这幅画的凝视所指示。我置身于观众而不是创造者的视角,以便很好地指出真理始终可用于联合。联合这一主体化行动在两位观众身上是否相同?所涉及的是同一性还是并存性?总之,人们无法说这一经验——再说可能有数百万人处于这同样的经验里——之中的二元性会打破主体的统一。这何以可能?大部分关于真理的怀疑论就根植于此类经验。皮兰德娄说,给每个人他自己的真理。"给每个人他自己的真理"意味着根本不存在任何真理。在一幅画的例子中,唯一的对象随着一些人和另一些人的感知而被拆解。人们可能会说,作为艺术凝视中幸福的综合形式,愉悦分散为多种分离的满足。

为何这个主体分散的问题现在与否定相关？因为，困难就在于知晓这种分散指向何种否定。各人以自己的方式看见画作，一个人的感知不是另一个人的感知。可"不是"意指什么？拆解感知并导向怀疑论的，就是这种观念：这"不是"是一种经典的否定，即一种感知可能也应该与另一种感知相矛盾。

那么为避免日常否定的这种怀疑论结果，人们可以依赖何种理论？回答是：人们应依靠次协调否定（négation paraconsistante）理论，即巴西人达·科斯塔（Da Costa）发现的第三类逻辑（继古典逻辑和直觉主义逻辑之后），在此逻辑中矛盾律是无效的。因而除了详尽求助于无限理论，第三卷中将大规模引入新的形式论，即次协调否定，它明确反对不矛盾律。一旦涉及真理，这种形式论便使相互矛盾的感知得以共存，而不打破真理的统一。这令我感兴趣，尤其因为，倘若人们承认——这是我的论点——为了完全理解爱，必须从女性立场和男性立场的共存出发,而这些立场在某些方面是完全分离的,那么此类问题便存在于爱的核心之中。

如果说《存在与事件》的主要形式论是集合论和科恩的定理,《世界的逻辑》的主要形式论是层论、拓扑学,因而很大程度上是直觉主义逻辑,那么第三卷的形式论则是把现代无限论和次协调逻辑联系在一起,并对不矛盾律的限度加以思考。人们可以说,幸福同时是无限的一种内-有限的(infra-finie)主体化,并且,在我的主体化"不是"他人的主体化,但并不因此与之矛盾——既然否定在这里是次协调的——这个意义上,幸福是被分享的。

即便如此,并非仅有形式论。实际上,它们只是用于概念建构的多种脚手架,并且它们以相当多的直觉为前提。人们可以确信,任何哲学家都从与真理的主观接触——他以某种方式与真理相遇的个人点——出发。他力求通过自己的哲学来转达的正是这个点。但同时,在内心深处,他知道这个点是无法传递的,因为这个点是他绝对特有的与真理的联系。这不正好特别解释了柏拉图在定义善之理念(Idée du Bien)时体验到的困难?在这一点上,人们不正好遭遇到抵达不可言喻之物(l'ineffable)的危险吗?这发生在许多哲学布局中。人们达到一个点,它是终极的真实点(ultime point réel)。按照拉康就此所说的话,这个点无法被象征。例如,斯宾诺莎命名一个终极点,它是上帝的知性直观,但他没有给出其真实直觉。证据就是,其最佳近似是在数学知识中所体验的真福。而数学知识属于第二种知识,并非第三种。因此,终极点的直觉无法被把握。至于柏拉图,他在《理想国》里明确表示只能提供善的影像,此外别无他物。

《真理的内在性》的部分意图是最大限度地包围这个点,并希望将其作为不可言喻的点加以还原。这就涉及让这个点变得尽可能不那么不可言喻，因而也尽可能是可以传递的。目前我还不知道，我应该在这个方向上走到何处。不过我知道，在这里我非常遗憾地与柏拉图分道扬镳了。

柏拉图从理念的哲学经验出发，但在他那里，传递这种经验的必要性始终显著地外在于经验本身的内容。正因为如此，他断言必须迫使哲学家成为政治家和教育家。被带向善之理念后，他们只会有一个念头：留在那里！这种传递的必要性来自真理经验本身之外，对柏拉图而言，它是一种社会和政治需求。它必须可以在社会的总体组织层面被分享。倘若不传递，便会任由人们身处统治性观点的权威之下。因此必须"腐蚀"年轻人，在苏格拉底的意义上，也就是说向年轻人传递不被统治性观点所控制的方法。

我完全赞同这种哲学观。并且如人们所知，我与其教导紧密相连。但必须承认，在柏拉图那里，知晓什么是真理的本质这一问题是模糊不清的。这种真理，他没有真正说出。人们知道，已有一些对柏拉图的完全相悖的阐释。在伽利略和其他很多人那里，柏拉图可被视为科学理性主义的典范本身。然而在新柏拉图主义者那里，他被看作先验神学的典范本身。导致这些分歧的原因就是，柏拉图对他谈到的这种真理所言甚少。某种意义上，他保留了真理的经验。为走得更远，他或许缺少无限概念的一种理性化及其数学多元化，人类不得不为此在欧多克斯（Eudoxe）和康托尔（Cantor）之间等待两千多年。因为，如果不能明确说出真理属于一种无限，这种无限区别于真理在其中起作用或被构建的那种无限，也不能明确说出真正的-无限（infini-vrai）并非存在的-无限（infini-qui-est），那么思考什么是真理便非常困难。正因为如此，就其可能性而言，柏拉图学派的幸福理论恰在本原（幸福是真之主体化）上始终是抽象的。

对我来说，真理存在，我描绘它们的特征，我已经并仍将以明晰的方式说出它们如何存在、为何存在。的确,传递在此十分困难。必须传递的是,存在的真理首先是相对于其余一切的例外,其次它从多种无限之间的严密辩证法出发,作为结果存在。此外,柏拉图本人也把善之理念视为例外。善之理念不是一种理念!根据常常被评论的《理想国》中的一段话,它在威望和权力上远远超越理念。这可能是什么?否定性神学会说,这就是上帝,而关于上帝,人们什么也不能说。在理性主义那边,人们找到莫尼克·迪克索(Monique Dixsaut)和其他很多人的阐释——既然如此,也包括我的。他们的阐释在于指出,有一种无法被还原为理念本身的知性原则。认为理念就是知性原则,这自然超出作为行动或创造的地域性原则的理念。也许柏拉图还没有将这个"超出"进行概念化的办法——高级类型的无限和次协调逻辑。

我认为,柏拉图是一位非常重要的奠基性人物。但必须承认,他有些不可捉摸。在对话形式的帮助下,他表现出某种偏斜,因为人们永远无法确切知道谁在说话、谁说出真理。对话仿佛洪流一般流淌;最终,人们很好地抓住了问题,却抓不住答案。人们无法确切知道柏拉图在何种意义上言说。这似乎是一种有意为之的失望。例如在《理想国》中,苏格拉底的对话者们向他指出,是时候界定他已经谈论了很长时间的这个善之理念。于是人们看到,苏格拉底装腔作势,大概说道:"你们对我太苛求了!"

这不是我的风格。相反,我力图最大限度地说出我能说的一切。我是比柏拉图更为肯定的柏拉图主义者,不像柏拉图那么不可捉摸。至少我尝试如此!这是我所形成的哲学概念:对人们可能满足于宣布其为不可传递之物的某种东西的传递活动。这个意义上,这就是哲学固有的不可能,是它的目标、它的终点。因此我投身于对抗当代怀疑论、文化相对主义和普遍化修辞学的斗争中,完全就像柏拉图投身于对抗诡辩派的斗争中那样。对我来说,重要的是肯定真理的例外位置,却并不由此宣称它是不可传递的,因为这将表明对于占统治地位的虚无主义的一种极度懦弱。

不过,我保留这种可能性,即真理概念,特别是我所称的真理概念的形成——这意味着个体与真理生成的联合——是相当难以传递的,就像在柏拉图那里那样。关于这一点,令人感兴趣的是关注《理想国》中的哲学课程安排:算术;几何;立体几何;天文学;辩证法。而在关于辩证法的章节中,就像所有人都能注意到的,几乎什么都没有!所以人们只记住,哲学学习以数学和天文学为基础,它因而被明确指向一种科学条件。在此基础之上,"辩证法"命名了某个不同的东西。但这种不同始终是抽象的,并不比善之理念更清晰。于是,人们恨不得把幸福缩减为数学的真福。对此,我难以下决心。

那是否要转而赞成柏格森的著名论点,即每

个哲学家都在其意识中找到一个无法把握的点?如他所说:"在这一点上是某个简单的东西,极其简单,特别地简单,以至哲学家从未成功地说出它。而正因为如此,他一生都在谈论它。"

如果说在我的哲学中,我看见这样一个点,那么归根结底它就是幸福之点。我把握并识别出,它实际上在于彻底思考真之主体化——而不单单是真理过程的存在。这就是我所称的联合,这种联合并非在其客观逻辑中被把握,而是从个体本身的角度,当他进行主体活动时被重新把握,因为他被合并于真之生成-身体(devenir-corps)中。联合的直觉通常伴随着某种独特的情感,也许就是我们谈论的传递的困难这一情感。这个问题可能会是我正在写作的这部书的最终对象。

不过,我会犹豫不决是否要说,简单就是障碍所在。这种简单显然属于典型的柏格森本体论,即一种非数学的,而是生命论的本体论。生命论本体论的根本点在于置身行动（mouvement）或绵延（durée）的纯粹差异中。因为正是在那里，人们可以体验绝对简单，同时找到柏格森的思想根基。然而，当本体论是数学的，就像对我来说那样，人们从内在复杂性和纯粹多元出发，除了空之外，它不指向任何原初的简单。此外，人们无法就空说出任何东西，这不言而喻。

最后，我承认柏格森所说的，即存在一个经验的原初点，整个哲学教学法都力求重返这个点并传递它。但我认为，这个点的经验是集中于一种复杂性的经验，而不是对简单的经验。我实际上相当赞同斯宾诺莎。他为第三种知识，即绝对的直觉性知识所提出的例子就是被聚集于一点的数学证明的例子。这很适合我。当人们真正理解了一个数学证明，便不再需要中间阶段：人们理解了聚集于一点的某个东西。虽说如此，但教学法不得不重拾这些阶段，因为当我们与某个点打交道时，它具有一种复杂性，隐藏的复杂性。收缩的复杂性与柏格森那里的纯粹简单不是一回事。所以,幸福并不像对于生命论者那样,居于冲动的简单之中,而是在指引我们与真进行联合的那个观念点(point idéel)的隐秘复杂性中,无论涉及的是政治民众、爱的二元性、数学算法,还是感性的种种形式主义。

相比生命论者,我相信自己更是唯物主义者和柏拉图主义者。在这里,我可以从一个令我非常震惊的事实出发。阿尔都塞本人曾非常坚定地认为,哲学的主要矛盾是唯物主义与唯心主义之间的矛盾。而为了在现代唯物主义条件下把这个论点进行到底,考虑到数学、现代科学以及唯物主义的一般结果,他发现自己不得不引入偶然唯物主义(matérialisme aléatoire)这一概念。出于非常多的原因,必须在一切当代唯物主义中留给偶然问题一个不可抗拒的位置,其中最惊人的原因就是量子力学的发展。在我所论述的唯物主义统一性里,如果我能这么说的话,多元的客观存在的边界由偶然的可能性，由某物突然出现的可能性所确定，此物无法从事物的已有状态出发被预见、计算或重新合并。这就是我所称的事件。存在某个东西，作为偶然的绝对点，"偶然"的意义在于这个点不会被其来源之物所组织。我只需要这样一个偶然点。事件足以让我展现真之例外。并且我不会离开唯物主义，任何内在原因都不会强迫唯物主义有机地与决定论联系在一起。决定论只是唯物主义的可能概念之一。

正如人们所知，自唯物主义的起源以来，决定论便是不充分的，因为从最初的原子说，即克里纳门（*Clinamen*）起，这种原子的无轨迹也无缘由的突然偏斜（déviation）就引入一个摆脱任何决定的事件——在《主体理论》中我就此进行了长篇论述。我特别钦佩那些矢志不渝、英勇的早期唯物主义者，如德谟克利特、伊壁鸠鲁、卢克莱修，他们在一个充斥着诸神和迷信的世界里引入了根本性论点,即只存在原子和空。不过,他们应该承认这个事实:他们无法仅从原子和空的世界推断出事件。必须有第三项,其形式是一种纯粹偶然。最后,当我说"除了真理之外,只有身体和语言"时,我正完成一个伊壁鸠鲁式的行为。我说有一种例外。但这一例外本身仅仅建立在事件的存在之上。而事件则只是世界结构中偶然的可能性。我丝毫不认为,随着事件的引入,我便远离唯物主义。某些人认为那里有一种新的二元论。有人对我说:"您引入例外,那就不再是唯物主义。"然而,例外的结果正巧完全处于世界之中。不存在截然分开的感性和知性方面、事件和世界方面。此外我确信,在阐释柏拉图时,人们可以避免这种感性和知性的二元论,更确切地说,它属于一种庸俗的柏拉图主义。诚然,柏拉图经常如此表达自己。但我们不能忘记他不可捉摸的、狡黠的一面,也不能忘记他对影像的频繁使用。

回到事件，回到偶然，必须强调一种中断（coupure）的存在。有中断之前和中断之后。这种中断不会导致由低级世界向高级世界的转变。人们始终在同一个世界里。诚然，相对不依赖于中断的事物而言，中断的结果具有一种例外的地位。但必须证明，这些结果是依照世界本身的普遍逻辑而组织的。我每次要自己做的，就是一种论证、一种艰苦的工作。我的那些传统马克思主义者友人，如最近去世的达尼埃尔·本萨义德（Daniel Bensaïd），指责我引入了一个神奇的元素，他们不过是机械的唯物主义者。马克思已经与他们针锋相对，甚至卢克莱修也同样如此。

再说，您之所以不是机械的唯物主义者，那是因为您是辩证论者。事实上，我相信我的哲学事业可以被看作一种对辩证法的广泛穿越。我自始至终坚持认为，真理的本体论地位是一种例外地位：相对于可构建之物，它是类性的例外；相对于普通的身体，它是可主体化身体的例外；相对于认为只有身体和语言的简单化唯物主义，它是我的唯物主义的例外。而例外范畴是一种辩证范畴，因为例外思想总是发生于相互矛盾的两面。要把例外设想为一种否定，既然它无法被还原为日常之物，但也不应将它看成奇迹。所以要认为它内在于真理——非奇迹的——过程，且无论如何把它认作例外。总之，这就是幸福的事实。一方面，幸福就像世界赠予我们的礼物，给我们这些正在成为主体的个体，而另一方面，虽然这个礼物仅以世界的材料做成，它却是额外、不太可能且例外的。它是一切有限的最终被体验的潜在无限，但这种无限并非先验的。恰恰相反，它是最深邃的内在性。

这也许是拉康想通过"外在-内在的（extime）"一词所表达的意义：既是内在的，又在内在之外。而那里，正是辩证法的核心。例如黑格尔认为，对某事物的否定内在于这一事物，但同时又超越它。辩证法的核心，就是这个否定的地位，仿佛一个既分离又包含的算子（opérateur）。这个意义上，我会说我一直处于辩证法之中，尤其在《主体理论》里，这部书仍旧与古典马克思主义及毛泽东主义的发展紧密关联。《主体理论》不涉及哲学的四个条件的总体理论，也没有事件的总体理论。《存在与事件》的基本范畴在《主体理论》里只是隐藏的，就好像为了让那些依然有些零散的东西重新统一。然而人们可以说，我在自己的哲学事业中——从三十二年前的《主体理论》到未来的《真理的内在性》——始终继续着一种对否定的思考。我只是力求通过思考真理规约及其主体，对改变的可能性，对某种既定规则的体制转入另一种体制的可能性进行解释。因此我处在辩证思想中，也在幸福的辩证理论中，它是通过一种完全无限而对有限的次协调否定。不过，我的辩证思想包含一种偶然形象，它不是决定论的。我提醒一下，黑格尔的辩证法不可避免是决定论的。在这一点上,它是十九世纪一种典型的重要思想。它是发展的内在必要性下,绝对的自我发展的景象。显而易见,我与这一切相距甚远。正因为如此,我与黑格尔之间有一种既紧密又复杂的关系。不应忘记,在我已出版的三部重要著作里,黑格尔是一位被细致讨论的作者:在《主体理论》中,有关辩证过程本身;在《存在与事件》中,有关无限;在《世界的逻辑》中,有关存在-于此及其范畴。在《真理的内在性》中,我将主要探讨黑格尔的"绝对"概念,因为最终对我而言,就像对黑格尔或柏拉图那样,任何真实幸福都是一种向绝对的暂时进入。只不过,我们对这个问题的观点不一致。所以我一直与黑格尔有着密切对话,但关于政治条件,我与马克思、列宁、毛泽东以及所有伟大的辩证法革命家也同样展开对话。只是,借助偶然元素的存在,我引入一种中断原则,它与古典的否定原则不完全同质。正因为如此,我最终将运用三种相异且混杂的逻辑:古典逻辑、直觉主义逻辑和次协调逻辑。同时,我将通过确实非常惊人的"大无限"理论,把本体论参照系——纯多思想——提升至绝对。逻辑的三元性和无限的无限性将是关于幸福的总体理论的关键,这一理论是所有哲学的目标。

对我来说,哲学是思想学科,是独特的学科,它的出发点是确信存在真理。从那里,它被导向一种命令、一种生活观。这种生活观是什么?对人类个体而言有价值的,给予他一种真正生活并指引他的存在的,就是参与这些真理。这必须以某种真理辨识装置的非常复杂的构建为前提,这一装置使个体在真理中循环,使各种真理具有共存可能性。这一切都在同时代性(contemporanéité)模式之上。

哲学就是这段路程。因此它从主张真理存在的生活出发,走向把这存在变为一种原则、规范和经验的生活。我们生活的这个时代赋予我们什么？它是什么？其中有价值的东西是什么？没有价值的东西又是什么？哲学提出在经验的混杂中进行分类，从那里哲学得出一个方向。将混杂提升至明确的方向，这就是典型的哲学活动，也是它特有的教导。

这必须以真理概念为前提。这种"真理"完全可以接受另一个名字。于是，在德勒兹的大部分作品中，我们在此所称的"真理"被称为"意义"。在任何一种哲学中，我都能辨认出我称之为"真理"的东西。它可以被命名为"善""精神""活力""本体"……我选择"真理"，因为我自觉接受古典主义。

所以，必须进行分类，为此就要有一台分类机器，即真理概念。必须表明这种真理确实存在，但并不因此就存在奇迹，也不是必然就有先验装置。某些哲学钟情于这些先验装置。可这完全不是我所走的路。于是又回到那个简单的、最初的问题：什么是生活？什么是有尊严、有强度且不可缩减为最低限度的动物性参数的生活？什么是在此论述的情感，即幸福的情感所指示的生活？

我认为，哲学应该在其概念和命题中包含这种确信，即真正的生活能够内在地得到体验。某个东西应该从真正生活的内部指示真正生活，而不仅仅作为一种外部命令、一种康德式的命令。这属于一种情感，它内在地指示、表明人生值得经历。我非常喜欢亚里士多德的一个说法，很愿意重新提及它："作为不朽者生活。"这种情感还有其他名称：斯宾诺莎那里的"真福"，帕斯卡那里的"快乐"，尼采那里的"超人"，柏格森那里的"神圣"，康德那里的"尊敬"……我相信有一种真正生活的情感，我赋予它最简单的名字，即幸福。这一情感中没有牺牲成分。它不要求任何否定。它没有宗教里那种在明天、在别处才能得到回报的牺牲。一旦个体同-属于（co-appartient）真理的主体，这情感就是一种个体扩张的肯定性感情。

最近,我理解了柏拉图为何令人难以置信地执着于证明哲学家是幸福的。哲学家比所有人们认为比他幸福的人,如富有的人、追求享乐的人、专横的人等,都更加幸福。柏拉图不断地重提这一点。对此,他向我们给出了无数证明:只有在理念之下生活的人才是真正幸福的人,是所有人中最幸福的。其意义十分明晰:哲学家将从自己生活的内部体验何为真正的生活。

因此,哲学是三样东西。它是对时代的诊断:时代提出的是什么?它是从当代命题出发对真理概念的建构。最后,它是和真正生活相关的存在经验。三者的统一,就是哲学。但在某个既定时刻,哲学只是某一种哲学。等写完《真理的内在性》,我将真正提出任何哲学的这三种成分的统一,那时我可以说:哲学,就是我。哲学也同样就是你们每一个人,每一个读我的书并在阅读中或赞同或反对我的人。因为,如果存在思想,那么也存在一种世俗经验的永恒、一种真正生活的内在性的永恒。于是,我们所有人,朋友和敌人,都将分享这种内在性的幸福。

结 语

在本书中,幸福的一些定义被提出、质疑、检验、摒弃、接受……作为对我论述轨迹的回顾,以下就是这些定义中的二十一条,随附它们出现的页码。

1. 幸福是进入一切真理的可靠标记(第5页)。

2. 幸福不是美德的回报,而是美德本身(斯宾诺莎)(第7页)。

3. 幸福是有限的一种中断的肯定性经验(第11页)。

4. 幸福是真正生活的情感（第23页）。

5. 真实幸福是开放的一种主体形象（第23页）。

6. 真实幸福是民主的情感（第24页）。

7. 真实幸福是对新生活形式的享有（第25页）。

8. 一切真实幸福都以时间的解放为前提（第38页）。

9. 只有当个人接受成为主体时，才有幸福（第45页）。

10. 在一种真正理念的指令下，往前走将带给我们幸福（第47页）。

11. 所有真实幸福都发生在一种偶然相遇里，不存在任何幸福的必然性（第56页）。

12. 某种程度的失望是真实幸福的条件（第58页）。

13. 主体效果的情感，无论是政治热情、科学真福、审美愉悦，还是爱的快乐，都始终是无愧于幸福之名的东西,超越任何对需求的满足(第59页)。

14. 幸福总是享有不可能之事(第76页)。

15. 任何真实幸福都是一种忠诚(第77页)。

16. 在个体那里,幸福是他发现自己能够成为的那个主体的来临(第77页)。

17. 幸福是作为内在例外的主体之情感(第78页)。

18. 自由的真正本质,即真实幸福的基本条件,是纪律(第78—79页)。

19. 任何幸福都是一种对抗有限的胜利(第80页)。

20. 任何幸福都是对无限的一种有限享有(第93页)。

21. 某种意义上,任何幸福都是通过意愿的力量获得的(第95页)。